Por qué prefiero ser un narco 3:
La matanza

Joaquín Matos

ISBN: 0-9982287-2-9
ISBN-13: 978-0-9982287-2-3

LA DEDICATORIA

Aunque no está escrito para todos, este libro esta
dedicado a esos analíticos que se han atrevido a hacer la
pregunta, "¿Cómo voy a sobrevivir a pesar de la
hostilidad de mi entorno inmediato?"

ÍNDICE DE CONTENIDOS

* Este libro contiene ejemplos de argot, expresiones coloquiales y regionalismos. Hemos incluido un glosario de los términos y expresiones utilizados al final del libro.

RECONOCIMIENTOS

Muchas gracias a todos los que estuvieron en este proyecto. Y no podemos olvidar la población en Venezuela afectada por las crisis, merece mejor. Mis pensamientos y oraciones están con ustedes y sus familias.

1

En Los Roques la pasé de maravilla. ¿Qué otra opción tenía con semejante mujer a mi lado? Luciana quedó loca. Luego de aquella primera noche, era ella quien me suplicaba por llevarla a la cama, por hacerla mía y ponerla a gritar. Fueron cinco días mágicos; me olvidé de las malditas ratas que me esperaban en San Cristóbal, de las conspiraciones, de las armas y los peligros de muerte. Éramos solo Luciana y yo, yo y Luciana, pero, por supuesto, este sueño solo podía sostenerlo el dinero, y para ello debía seguir trabajando.

Tomé la avioneta desde Los Roques para volar a Maiquetía. Allí estuvimos otro par de horas. En el aeropuerto, el comportamiento de mi nueva mujer cambió; según ella, temía que alguien la viera conmigo y fuera a contarle a su prima. A mí el tema de Erika empezaba a ponerme harto, tanto que me dio por pensar: ¿no sería mejor si sencillamente muriera y ya? Su prima no jodería, tendría a la niña sin ningún problema solo para mí. Era lo mejor, ¿cierto? La idea no paró de darme vueltas en la cabeza el par de horas que estuvimos esperando el vuelo que nos llevaría de vuelta a Santo Domingo. En el avión cerré los ojos y perdí la conciencia durante el trayecto. No fue hasta que llegué una vez más a mi Estado que aquellas fantasías volvieron a apoderarse de mi cabeza. El Mamaco me estaba esperando con Begonio en el aeropuerto. Apenas lo saludé, me dijo que tenía algo que contarme. Yo le pedí que guardara silencio, puesto que Luciana no podía enterarse de nada. Empezamos a recorrer la montaña que nos llevaría de vuelta a nuestra ciudad; pasamos San Josecito y, a los minutos, nos topamos con la entrada a San Cristóbal, mi verde San Cristóbal. A Luciana la dejamos en su casa; a pesar de la semana que acabábamos de compartir, no quiso despedirse de mí como Dios manda, con un beso en la boca. Apenas se bajó del auto, interrogué a Mamaco:

—¿Qué fue lo que pasó?

—Patrón, tenemos una mala, una muy mala noticia que contarle.

—¿Qué? ¿Qué pasa? ¿Por qué me lo dicen con

esa voz, con ese rostro? ¿Qué ha pasado?

—Es Matamoros, patrón. A Oliver Matamoros…

—¿Qué? ¿Qué pasó?

—Anoche falleció —resumió el Mamaco.

—¿Qué? ¿Cómo así? ¿Me estás hablando en serio?

—Yo no sería capaz de jugar con algo así.

—Pero, ¿cómo? No entiendo, ¿qué ha sucedido?

—Lo dejaron tirado en el patio de la casa en la madrugada con un tiro en la frente.

—Me estás jodiendo, ¿verdad? Mamaco, ¿me estás jodiendo?

—Ojalá estuviese jodiendo, patrón, pero no se puede jugar con algo así. No sabemos muy bien lo que pasó. Matamoros tenía dos días sin llegar a la casa. No le paramos bolas, sabemos que ese hijo de puta era tremendo borracho, y dijimos: qué coño, seguro que está por ahí jodiendo, con putas, con la vieja Sofía, qué vamos a saber. Y hoy, cuando despertamos, estaba el cuerpo de Matamoros tirado en el patio de la casa. Cuando lo revisamos, tenía un disparo en la frente y la cara completamente desfigurada.

—¡Begonio! Dime algo, ¡dime algo! ¿Por qué no dices nada?

—Jefe, todo lo que dice el Mamaco es verdad. Nos dimos cuenta esta mañana, pero no sabemos más nada.

—¿La policía se ha enterado? ¿Alguien se ha

enterado?

—No, patrón. ¿Cómo se le ocurre? Nosotros no podíamos llamar a la policía. Estábamos esperando que usted llegara para que decidiera qué hacer; es una vaina muy delicada, nosotros no podemos tomar decisiones a la ligera.

—¿Dónde está el cadáver?

—Lo hemos guardado en el sótano.

—Bien, bien. Nadie puede enterarse, nadie. Matamoros debe seguir vivo en el imaginario popular. Mantengámoslo así durante un tiempo.

—Disculpe que le pregunte, patroncito —dice el Mamaco—, pero ¿cuál es el propósito de eso?

—En la casa de Matamoros tenemos la droga, vivimos, y es además nuestro punto de operaciones. Hasta que no encontremos otro lugar donde vivir y saquemos la droga de allí, no podemos movernos.

—Tiene usted razón, jefe, pero, pero…

—Pero ¿qué pasa?

—¿Tiene usted idea de qué le pudo haber sucedido a Matamoros? Y patrón, sea quien sea, sabe dónde estamos, sabe dónde vivimos.

—Costello. Y por supuesto que lo sabe, no es ningún pendejo. Anda siguiéndonos. Díganme, ¿hicieron ustedes su trabajo?

—Sí, patrón, pero ese man se la vive como con diez guardaespaldas pa arriba y pa abajo; ese es más impenetrable que el propio Maduro.

—Tenemos que buscar la forma. De lo contrario, no solo nuestro negocio corre peligro, sino que nuestras vidas también.

—¿Por qué a Matamoros, patrón? ¿Por qué?

—Es un mensaje, uno muy directo. Si hubiese estado aquí, probablemente hubiese sido yo; pero se las cobraron con el hijo de puta ese. Ahora debemos dar nosotros el golpe.

—¿Y cómo haremos?

—Ya lo pensaré, ya lo pensaré...

2

Perros rabiosos por doquier. Serpientes. Armas. Odio. Imágenes sucias. Allí está mi cuerpo, allí, en medio de toda esa inmundicia; la droga, yo, yo, la droga, todo en un solo lugar. Me persiguen, vienen por mí, corro, corro, no puedo escapar, se aproxima mi hora. Viene ya, es la muerte, me respira en la nuca. Intento escapar, pero mis pasos son lentos, no puedo moverme, estoy estancado, no pasa nada, solo que no me muevo, que soy más lento que los demás, más lento que aquellos que juegan el papel de captores. Yo la presa, yo la carne viva que está por morir. Pronto me quedaré sin órganos, sin pensamientos, sin respiración. ¿Y luego qué? ¿Luego qué?

—Contaré hasta veinte y, si no, te mato: 1, 2, 3, 4, 5, 6, 7, 8, 9, 10, 11, 12, 13, 14, 15, 16, 17, 18, 19…

—¡No, no, no, no! ¡Malditos, malditos todos!

Fue solo una pesadilla, fue solo otra maldita pesadilla.

3

Desperté sudado tras una madrugada intensa en la cual no pude descansar; apenas cerraba mis ojos, se me venían a la cabeza todas esas imágenes asquerosas que me espantaban de temor. No acudí a la cocaína, puesto que necesitaba dormir. Imaginé que la presencia cercana de Erika podría haberme sosegado un poco, pero ya no estaba allí. Ya no la tenía a mi lado, y no es que la extrañase, pero, pero no sé, fue solo una mala noche. Fue solo una mala noche.

Bajé las escaleras cuando estaba amaneciendo. Fui al cuarto de huéspedes donde dormían el Mamaco y Alirio, los desperté y les invité a desayunar.

—No hay tiempo que perder. Debemos preparar rápidamente el golpe y deshacernos del hijo de puta de Costello.

—Pero patrón, necesitamos más armas, más gente, más bulto. Pues lo de las armas, bueno, se puede resolver, pero ¿y la gente?

—Pues tendremos que bajar al barrio y conseguir más aliados.

—Yo tengo unos primos, patrón, y esos manes son candela, pero son como los perros esos traicioneros: uno no sabe cuándo le van a morder la mano si otro les da cuerda o los alimenta mejor. Ni le cuento, lo digo por experiencia propia.

—Pues tendremos que deshacernos de todo aquel que pueda alimentarlos mejor, y así se quedaran fieles a los únicos que pueden darles de comer.

—Ahora más tarde hago un par de llamadas, patroncito. Esa gente a esta hora está durmiendo.

—Hoy tengo otro plan.

—¿Qué vamos a hacer? –preguntó Alirio.

—Voy a llamar a José Pasto y bajamos a Ureña a reunirnos con él; necesitamos financiamiento. Además, así aprovechamos para traer mercancía nueva, pero, sobre todo, que nos preste apoyo para deshacernos de esos hijos de la gran putísima madre.

—Sí señor, tiene usted razón. Eso es lo más sabio.

—Igual vamos a necesitar de tu gente, Mamaco. Llamaré también a Yorkelman. Aquí todos tienen que sacrificarse, ponerse las botas de batalla para poder montarse; esto no es un paseíto nomás. A pelear, ¡a pelear!

—Sí, mi jefecito. Nos encargaremos de llamar a Begonio. ¿A qué hora le digo que esté?

—Para ya es tarde. Yo voy a llamar a José Pasto y cuadraré con él.

Regresé a la habitación para tomar una ducha y prepararme para el resto del día. Sería una jornada sumamente convulsionada, así que, luego de bañarme, aspiré mi primera línea de coca del día. Fui al armario y me coloqué una camisa negra y un pantalón, y bajé para ir a tomar el desayuno.

—¿Iremos a la calle en medio de tanta zozobra? —preguntó el Mamaco.

—Usted solo preocúpese de estar armado. Tampoco podemos vivir como ratas metidas en nuestros agujeros. Si llega a ver algo sospechoso, cualquier mínima cosa que se mueva, le dispara, Mamaco. Le dispara y le vuela la cabeza. Recuerde: son ellos o nosotros.

Salimos en la camioneta a desayunar en una panadería que queda a cinco cuadras de la casa. Yo pedí una arepa y jugo de patilla; el Mamaco y Alirio pidieron caldo de papas y café.

—¿Para qué carajos toman café? Métanse un pase que eso los despierta más.

—Uy, patrón, pero es que el café es más sabroso.

—¡Maricas! —fue lo único que les dije.

Le escribí a José Pasto un par de mensajes al whatsapp esperando respuesta. Le dije que cuando pudiera me llamase, que necesitaba hablar con él, pero las cosas no le llegaban. Seguro que el desgraciado seguía durmiendo como un bebé. Él no tenía una amenaza de muerte sobre el cuello.

Cuando llegó el desayuno, casi no podía ni probar bocado. Cada persona que pasaba junto a la mesa la consideraba una posible amenaza. Por reflejo, me llevé en un par de ocasiones la mano a la cintura para sacar el revólver, pero nadie se volteó a mirarnos. Cada quien se encontraba sumergido en su mundo, sin amenazas de muerte, sin preocupaciones mayores que la escuela de sus hijos; en fin, puros perdedores sin grandes ambiciones en esta vida. Gente mierda. Gente del montón. Esperé a que Alirio y el Mamaco se terminaran su comida y abandonamos la panadería para subir a la camioneta.

—¿Qué pasó, patrón? ¿Vamos a bajar a Ureña entonces?

—Todavía no. No me han respondido aún.

—Entonces, ¿qué hacemos? —preguntó el Mamaco.

—Bajemos al 23.

—¿Quiere ir al barrio, patroncito?

—Sí, vamos que tengo que hablar con

Yorkelman y, si no contesta, se meten a la casa de ese hijo de puta y lo despiertan.

Salimos de Barrio Obrero y empezamos a bajar por la Carabobo hasta el centro. De allí tomamos la marginal con vía al 23. Llegando al barrio, las personas se asombraban de ver una camioneta así. Muchas de esas personas nunca habían visto semejante nave. ¿Y quién los puede culpar? Han crecido sumergidos en la miseria y la pobreza, por eso no les queda otra opción más que unirse a tipos como yo, que los explotan para que puedan aspirar a tener algo de dignidad. Penetramos en el barrio hasta la casa de Yorkelman. Yo jamás había ingresado hasta las profundidades de aquellos caseríos.

—¿Tú sabes bien dónde es? —le pregunté a Alirio.

—Claro, claro, al Yorkelman lo conocemos desde carajitos. Bueno, tú sabes, eso es todo familia.

Seguimos avanzando entre la multitud de carajitos que se movían descalzos por las calles del barrio. Todos miraban absortos la camioneta que invadía su territorio. Cuando finalmente nos detuvimos, quedaban pocas personas a nuestro alrededor. Yo me sentía seguro, puesto que nuestro vehículo era blindado.

—¿Qué hacemos ahora, patrón? —preguntó el Mamaco.

—Que Alirio se baje a buscar a Yorkelman, tú te

quedas conmigo.

—Ya escuchaste Alirio, ve y lo buscas. Dile que estamos afuera esperándole.

Alirio se bajó del auto y fue a buscar a Yorkelman en su casa. Entonces, el Mamaco comenzó a hablar, como para sacar conversación.

—Patrón, lo veo muy estresado últimamente.

—Es ese maldito perro de Costello. Tenemos que matarlo, Mamaco. Matarlo, y luego de que esté muerto, volverlo a matar. Hasta que ese desgraciado no muera, no estaré tranquilo.

—No se preocupe, ya nos encargaremos de ese muñeco. Ahora cuénteme, ¿cómo le fue por allá en la playa esa con la jevita?

—Mamaco, el mejor polvo de mi vida, con eso te lo digo todo. Me tiene obsesionado, quiero traerla a vivir conmigo.

—Uy jefe, es que, perdone que se lo diga, no me tome como abusador, pero es que es tremendo mujerón.

—Esa es la vida que nos merecemos nosotros, Mamaco. Para eso trabajamos, para eso arriesgamos el culo para producir billete, para comernos a esos mujerones. Eso es lo único que nos queda en la vida: los culos que nos cojamos. Lo demás no sirve para nada.

—Claro, patrón, y a usted también lo ayuda ese porte de italiano; con la cara de gamín que tiene, levanta puro garbanzo.

—Mijo, usted no se preocupe que todo eso lo arregla el billete. Hay que producir billete y nada más; a medida que nos vayamos montando, va a ver como todo eso cambia. Pero tenemos que bajarnos a los malparidos esos.

—Patrón, yo con usted voy hasta la muerte y, por una mujer así, mato a cien perros como el Costello.

—Me alegra escucharlo, Mamaco, me alegra escucharlo.

En un par de minutos, volvió Alirio al auto acompañado con Yorkelman. El pendejo ese tenía cara de dormido.

—Ábreles la puerta Mamaco, ábreles.

El Yorkelman subió al auto por delante de Alirio y luego cerramos las puertas.

—Señor Luis Restrepo, un placer saludarlo.

—Yorkelman, te llamé un par de veces.

—Perdón señor, estaba dormido.

—El dinero no se produce mientras duermes.

—Pero es que…

—Pero es que nada. Mientras tú estás durmiendo, Costello se está apoderando de la ciudad y matando a los nuestros.

—¿Cómo así?

—¿Ahora no sabes? Pues te lo comento: mataron a Matamoros. El hijo de puta de Costello se lo bajó y, mientras tanto nosotros, estábamos dormidos.

—No, pero ¿cómo así? ¿Cómo fue eso?

—Ya eso no importa. Los muertos no se lloran, Yorkelman. Pero necesitamos gente. Necesitamos gente, armas, balas... Necesitamos un ejército, deshacernos de todos esos perros.

—Mire, patrón: donde hay dinero, hay gente, y también armas. Usted solo diga cuánto tiene y yo me muevo.

—El problema es ese. Ahorita no tengo, la vaina está muy jodida. Necesito gente que quiera crecer, que quiera escalar, pero tienen que tener paciencia y buena disposición. Voy a programar un golpe; te diré cuando sea la fecha, y espero que tengas a varios dispuestos a echar plomo parejo.

—¿Pero pa cuándo? Tiene que decirme fecha, para yo estar atento.

—Tienen que estar listos para cuando yo alce el teléfono y les diga que estén listos, así de sencillo; y no puedes comentárselo a cualquiera, hay que tener cuidado. En esta ciudad hay muchos chismosos. Pura gente seria, tipos de confianza.

—Sin plata no baila el mono.

—Usted les dice que no se preocupen, el billete vendrá después. Yo los voy a arreglar, conmigo todo el mundo va pa arriba. ¿Usted confía en mí?

—Sí, pero...

—Sin peros, los peros son para los estúpidos. Dígame sí y listo: sí voy a resolver, y sí vamos a echarle bolas.

—Está bien, pero… Qué digo, no es pero, es…

—Ya basta Yorkelman, haga lo que le dije y punto, yo voy a buscar el financiamiento. Bájese de aquí, no quiero volver a verlo hasta que esté armado hasta los dientes.

Apenas Yorkelman se bajó del vehículo, Alirio arrancó el auto para salir del barrio aquel. En ese momento, me llegó un mensaje al whatsapp de mi teléfono:

» Luis Restrepo, saludos hermano. Ahorita cruzando el charco. Estaba reunido con unos parceros venecos. Le llamo al mediodía que puedo hablar con más calma. Saludos.

» Perfecto José, espero tu llamada. Es de urgencia.

En ese momento, Alirio me interrumpió una vez más:

—¿A dónde vamos, patroncito?

—Vamos a la casa. Esperaré ahí una llamada al mediodía. Y llamen a Begonio, que se llegue cuanto antes.

4

Al llegar a casa, eché una siesta para descansar luego de haber pasado una mala noche. Me sentía débil y nervioso; detestaba que el miedo se apoderara de mi cuerpo, pero no lo podía evitar. Después de todo, también soy un ser humano. Dormí aproximadamente hora y media. Coloqué el despertador a mediodía para estar atento a la llamada de José Pasto. Pasaron las doce, y llegamos a la una sin que sonara el teléfono. Pasados ocho minutos después de la una, finalmente mi teléfono comenzó a vibrar. Me apareció en la pantalla que el remitente era un número desconocido y, aun así, contesté:

—¡Aló!

—¿Aló?

—¿Quién habla?

—José Pasto.

—José, amigo mío, parcero, disculpe. Me salía que era un número desconocido, no te reconocí la voz.

—Parcerito, ¿qué cree usted? Uno tiene que protegerse, hermano.

—Tiene usted razón. Sospechaba que se trataba de usted, pero bueno, no se pierde con preguntar.

—Claro, claro, hermano. Cuénteme, ¿qué se le ofrece? ¿Qué me le ha pasado?

—Bueno, ha ocurrido algo que debemos lamentar.

—¿Qué me le pasó, mijo?

—¿Te acuerdas de Oliver Matamoros? Uno de mis compañeros.

—Sí, claro. El flaco, alto y despeinado.

—Ese mismo.

—¿Qué ha pasado con él? —preguntó José Pasto.

—Pues le pongo al tanto: el desgraciado de Costello lo ha asesinado.

—Oiga hombre, me lo esperaba. Era tan predecible… Ya le dije que teníamos que bajarnos a ese hijo de la gran perra antes de que se pusiera avaricioso.

—Pues sí, pero no es tan fácil. El perro inmundo ese se la vive con diez gorilas encima a toda hora. Necesitamos un ejército para deshacernos de ese cabrón; necesitamos armas, billete, gente, y muchos huevos. A los bastardos como ese hay que matarlos y luego volverlos a matar, luego enterrarlos, y luego de eso asegurarse que no se paren nunca más.

—Hombre, le está dando mucha importancia. Esos mansitos así son panza.

—Le doy importancia porque ya se bajó a Oliver Matamoros y, bueno, era uno de los que estaba conmigo desde el inicio; su muerte no puede quedar así, hay que cobrar venganza.

—No, mijo. Esto no lo vamos a hacer por venganza, lo vamos a hacer por el poder. Y si lo vamos a hacer, tenemos que hacerlo bien, actuar con inteligencia, no vaya a ser que de querer dar un golpe salgamos golpeados nosotros.

—En eso lo apoyo al cien por ciento, mi buen amigo.

—Parcerito, yo a usted lo aprecio mucho, pero la amistad no es buena en los negocios. Vamos a tratarnos como es.

—Se le entiende. ¿Qué le vamos a hacer entonces?

—Bájese para la frontera. Aquí están los manes que usted necesita. Buscamos las armas y planeamos bien planeadito la muerte del desgraciado de Costello. No se crea, gracias a él ya se me han caído otras vueltas. A mí también me conviene sacarlo de allí.

—Trabajemos juntos.

—Claro, parcero, eso está sobreentendido. Pero

si yo pongo el billete, usted sabe cómo son las cosas…

—Te pagaré.

—No mijo, yo no quiero que me pague. Lo primero que necesito es su lealtad, y lo segundo, que entienda quién da las ordenes aquí.

—Por eso no se preocupe: mientras yo pueda trabajar de este lado, todos los negocios serán con usted.

—Así es, parcerito. Sí va, hombre. Bájese esta tarde, lo espero donde el otro día después de las siete.

—Nos veremos allá.

—Sí va, mijo, sí va.

5

Nadie empieza desde lo más alto. Por más ambición que se pueda tener, en los inicios hay que saber aliarse, juntarse con otros para ir creciendo poco a poco, hasta que se pueda tener la suficiente autonomía y mandar a todos al carajo. José Pasto no me inspira confianza. Es otro desgraciado más, uno muy parecido a mí, por cierto, y por eso es que me gusta tan poco. De momento, me conviene jugar su juego, prestarme a sus propósitos y dejarle tomar la iniciativa. Ya el tiempo me irá diciendo si este es el inicio de una gran alianza o un escollo más del que deberé deshacerme llegado el momento oportuno. Luis Restrepo será el puto amo de esta ciudad, el capo de las drogas en el país.
[…]
Fuimos a buscar a Yorkelman. Necesitábamos

sumar gente; era indispensable dar una muestra de fuerza en cada reunión. Con el Yorkelman, Alirio, Begonio y el Mamaco, subimos al auto para bajar hasta la frontera. Hacía un calor sofocante,. En esta parte del planeta Tierra, el clima varía sin repudio: en la mañana puede estar haciendo un frío tremendo y, en la tarde, repentinamente sale un sol que no te deja respirar. Con el aire acondicionado encendido, salimos de la ciudad y tomamos ruta por la autopista, ya que por el Mirador siempre hay muchos guardias y no estamos para buscarnos inconvenientes. Tomamos vía Peribeca y, desde allí, subimos a Capacho. Begonio había pasado toda su vida cubriendo estas rutas, por lo que todos los caminos verdes habidos y por haber eran de su total conocimiento.

—Mamaco, pásale una pistola a Yorkelman —le dije.

—Uy, patrón, pero es que yo… Usted sabe que, bueno, yo vengo de barrio, pero yo no soy un asesino —dijo Yorkelman.

—¿Qué prefieres: ser asesino o asesinado?

—Pero es que… —intentó decir.

—¡Silencio! No hay excusas. En este negocio no podemos andar con mariqueras. Además, no vamos a matar a nadie. Vamos a una reunión, pero deben aprender que siempre hay que estar prevenidos.

—¿Cuál es el propósito de esta nueva reunión con el Pasto y su gente, patrón? —preguntó el Mamaco.

—Vamos a prepararnos para bajarnos al hijo de puta de Costello.

—A ese tipo hay que plantarle una bomba o algo. Siempre está hasta el culo de gorilas. Habría que bajarse primero a todos los monos para llegar al rey —dijo el Mamaco.

—Usted por eso no se preocupe. Si tenemos que traernos cien guerrilleros para matar al cabrón ese, pues lo hacemos, pero tenemos que vengar al pobre de Matamoros.

—Jefe, sea sincero. Usted quería al pobre bastardo ese, ¿cierto? —preguntó Alirio.

—En este mundo uno no puede encariñarse con nadie, Alirio. Con lo único que uno se puede encariñar es con la plata. La plata trae mujeres y también amigos; la pobreza solo trae miseria y lamentos. Con la plata puedo comprar a cien tipos como Matamoros; aun así, eso no le da derecho al maldito coño e' su madre de Costello para haberlo matado. ¿Qué piensa? ¿Que puede matar a los nuestros y quedarse como si nada? Le demostraremos que está muy equivocado. Yo mismo le meteré cinco balas en la frente y lo veré llorar antes de morir.

—Volviendo al asunto, patrón —reanudó el Mamaco—, ¿está seguro usted que podemos confiar en José Pasto? Ese tipo se ve que tiene muchas agallas; yo no sé, no me inspira confianza el colombiche ese…

—Por supuesto que no, ya se lo he dicho. No se confíen de nadie, en lo absoluto. Pero ahorita debemos jugar de su lado. Nos conviene, así que debemos llevarla así. Sin ese tipo, ahorita no somos nada: nos da la mercancía, y además nos ayudará a deshacernos de Costello. Así que sigamos su juego. Les doy las armas por si de casualidad las cosas llegaran a salirse de control; pero, de momento, nada fuera de lo común tendría que pasar. ¡Begonio!

—¿Sí, señor?

—Si algún guardia se le mete en el camino, lléveselo por delante. Para eso blindamos la camioneta.

—¿Cree usted conveniente que llamemos así la atención, patrón? —preguntó Begonio—. No cargamos droga, que nos requisen si quieren.

—¿Las órdenes las da usted o yo, Begonio?

—Lo siento, señor. Yo solo sugería…

—¿Quién da las órdenes aquí?

—Lo siento, lo siento.

Begonio siguió manejando. En una de las curvas lo vi persignarse. Ojalá a ningún guardia se le ocurra cruzarse en nuestro camino.

[…]

—Mamaco, ¿traes cocaína ahí?

—Patrón, yo pensaba que no veníamos a…

—No, no para tráfico. Para el consumo; necesito un pase, me siento muerto.

El Mamaco sacó de sus bolsillos una pequeña bolsa y yo la coloqué sobre el tablero del auto, esparcí el polvo blanco encima y esnifé un par de veces.

—Begonio, tú también deberías darle.

—Jefe, lo mío es el miche. Yo no voy con eso.

—Dale y ya, Begonio. Déjate de pendejadas, te va a hacer bien.

Con una tarjeta acumulé los restos de la cocaína y se la pasé por la nariz a Begonio.

—Y recuerda: si se atraviesa uno de verde, le tiras el carro y atropellas al cabrón.

Al llegar al tope de la montaña después de Capacho, comenzamos a descender. El relativo aire fresco fue paulatinamente quedando atrás de nuevo, y debimos subir los vidrios una vez más para no asfixiarnos con el calor sofocante de la frontera colombo-venezolana. Finalmente llegamos a Peracal, quizás la alcabala donde todos los guardias del país quieren estar. A punta de matraqueo pueden convertirse en millonarios en cuestión de meses. Volví a recordarle al Begonio las instrucciones si uno de los payasos se ponía cómico. Afortunadamente, cuando íbamos pasando justo al frente, parecían estar desmantelando un Caprice viejo con placas de taxi, y pasamos de largo inadvertidos. El Begonio tragó saliva y volvió a persignarse una vez más.

—Ya no habrá quien nos detenga —dijo en voz alta.

—Alirio, ¿recuerdas cómo llegar al sitio de nuestra primera reunión?

—Sí patrón, por supuesto. Eso es por Tienditas, más allá de San Antonio.

—Dale pues, dirige a Begonio para llegar al caserío ese.

Desde que el gobierno nacional implementara el cierre de la frontera, uno de los lugares más caóticos de Venezuela había pasado a convertirse casi en un pueblo fantasma; los comercios que anteriormente se la vivían abarrotados de personas, hoy lucían vitrinas vacías y santamarías cerradas.

—¿Quién se estará enriqueciendo con el cierre de frontera? —preguntó Begonio.

—Los putos del gobierno —le dije—. Ellos son los únicos que nunca pierden; los productos están cada vez más escasos y también más caros, y ¿quiénes los controlan?

—Patrón, usted debería lanzarse a gobernador; imagínese la rumba que haríamos pasando droga de un lado a otro teniendo el poder —dijo el Mamaco.

—Eso ya son las grandes ligas, no se crea. No es fácil llegar hasta ahí. Los que están ahí es por algo. El gobernador nuestro sabe cómo es todo, el presidente también, los guardias… Aquí todo el mundo tiene que ver con droga, todo el que tenga plata. Eso es lo que me emputa de la doble moral.

—¿Ya llamó a José Pasto? —preguntó el Mamaco.

—Ya, ya le estoy marcando…

La llamada se cayó en un par de ocasiones; no recibí respuesta. Luego de un par de intentos de comunicación fallidos, recibí un mensaje de texto:

» Aquí estoy esperándole. Es mejor no hablar por teléfono, lléguese directamente al lugar…

—Nos están esperando —le dije al Begonio—. Dale a donde te diga Alirio.

Luego de dejar atrás el pueblo fantasma, llegamos a la locación de la reunión. En la entrada nos esperaban dos tipos con armas largas y camisas negras.

—¿Es usted Luis Restrepo? —preguntó el que se asomó por la ventana derecha.

—Sí, soy yo.

—El patrón lo está esperando. ¿Pueden bajar del vehículo para revisarlos?

—La vez pasada, José Pasto me dejó en claro que bajo ninguna circunstancia me dejara quitar las armas. Además somos socios, no hay razón para…

—Si usted quiere, dejen las armas en el auto y lo

cierran, pero al edificio no pueden ingresar armados. Son órdenes.

—De acuerdo, de acuerdo. Muchachos, dejen todo el material en el auto.

—Pero patr… —fue a decir el Mamaco.

—Hagan caso, hagan caso.

Begonio aceleró el auto y lo paramos a un costado, junto al par de camionetas de José Pasto.

—¿Qué vamos a hacer? —preguntó el Mamaco —. No me la calo que tengamos que rendirles pleitesía a estos cabrones.

—Tranquilo Mamaco, tranquilo. Yo entraré con Yorkelman y Alirio, y tú te quedas en el auto con Begonio. Cualquier cosa, ya sabes lo que tienes que hacer.

—De acuerdo, patrón.

Nos bajamos del auto. Inmediatamente, los dos gorilas comenzaron a requisarnos. A mí por encima, en mis acompañantes la búsqueda fue más incisiva; sin embargo, luego de percatarse que veníamos limpios, nos hicieron pasar. Ingresamos al enorme depósito. Esta vez no nos recibieron en el ala principal. Nos llevaron hacia una pequeña oficina al fondo, subimos unas escaleras de metal y llegamos al despacho.

—¡Luis Restrepo, amigo mío! —gritó José Pasto, con ese fingido acento cordial.

—José Pasto, ¿no habíamos quedado en que las requisas no…?

—¿Te volvieron a requisar estos inútiles? Vaya, que maleducados. No te preocupes, ya me encargaré de hablar con ellos. Ven, pasa adelante.

No me había dado tiempo de terminar de expresarme cuando José Pasto cambió rápidamente la dinámica de la conversación.

—Entonces, Luis Restrepo, vayamos al grano, que tengo mucho trabajo por hacer. Cuéntame, ¿qué vamos a hacer con el perro inmundo de Costello?

—¡Matarlo! Matarlo de una vez, no queda de otra.

—¿Entonces se jodió en el amigo tuyo? En el tal Matamoros, qué bolas tiene ese carajo.

—Bueno, pues...

—Yo te lo dije, Luis Restrepo, te fui bien claro: si no nos deshacemos de ese tipo…

—Lo sé, lo sé; creo que lo subestimé. Cometí un error y no volverá a pasar.

—Ya lo creo. Yo también he hecho mis averiguaciones. Quiero que tengas bien claro que, si matamos solo la cabeza de la serpiente, el cuerpo queda vivo. Costello tiene a sus primos, de los dos lados hay gente enemiga. Tenemos que bajárnoslos a todos, de lo contrario nos podemos meter en una guerra que no sé si podremos ganar.

—¿A qué te refieres? —le pregunté.

—Bueno, parcerito, que no se puede dejar por ahí viva la mecha. El día en que actuemos debemos sacar toda la basura. De lo contrario, se nos inunda el rancho.

—¿Y cómo hacemos eso? —le pregunté a José Pasto.

—Estoy haciendo mis averiguaciones. Tenemos que agarrar toda la masa junta.

—Una vez, hace mucho tiempo, cuando el hijo de puta de Costello me amenazó, fui a su casa. Estaba con sus primos, suelen reunirse allí. No sé con cuál frecuencia, pero lo hacen.

—A eso me refiero: debemos agarrarlos a todos allí junticos y sacarles las tripas.

—¿Qué propones? ¿Vamos a estallarle la casa a ese desgraciado? —le pregunté.

—No, no podemos hacer algo así. Un asesinato de esa magnitud despertaría mucha zozobra en la población, se metería el gobierno de por medio. Tiene que ser a plomo parejo, matarlos a todos a punta de bala.

—¿Y crees que una matanza de tal envergadura no va a espantar a nadie?

—Mira, esa casa tiene muchas vainas: carros, joyas, drogas... Se puede deducir que fue un robo, un secuestro, cualquier cosa, parcerito. Cosa distinta es que le metamos tres granadas y detonemos toda esa vaina. Claro, sería lo más fácil, pero el peo posterior es más grande. Hagamos la cosa calladitos, y así nos bandeamos.

—Bueno, ¿y qué propones? ¿Con cuánta gente

contamos? ¿Las armas, los carros? Allí en esa casa no debe haber menos de quince personas, unos ocho armados. Tenemos que llegar unos veinte armados hasta los dientes para partirles la cabeza a esos malandros.

—¿Cuánta gente tiene usted, parcerito? —me preguntó José Pasto.

—De confianza, contándome, unos seis. Necesito que me consiga como mínimo unos doce.

—¿Y quién se va a encargar de llevar a cabo la operación? —preguntó.

—¿Cómo así? Nosotros mismos, ¿no?

—Por supuesto, parcero, pero usted sabe cómo es la guerra: en todo movimiento armado debe haber un comandante que lleve a la tropa por buen camino. ¿Quién cumplirá esa función?

—Pues yo mismo.

—¿Usted mismo, Luis Restrepo?

—Por supuesto, yo mismo quiero bajarme al sapo ese.

—¿Se va a meter usted mismo a echar plomo en esa casa? Si es así, yo confío en usted.

—Por supuesto que sí. Y usted también va con nosotros, ¿no?

—Pues oiga, parcero, yo para eso tengo a mis matones.

—¿Entonces yo soy un matón más? —le pregunté.

—Escuche, yo no tengo problemas en trabajar solo de este lado de la frontera. A usted le conviene más deshacerse de Costello antes de que él se deshaga de usted. Además, recuerde que fue usted quien vino a pedir mi ayuda.

—Está bien, está bien. Pasemos a la acción...

—No mijito, espérese no más. Yo tengo a mi inteligencia averiguando cuándo van los primos a meterse en el hueco aquel. Cuando tenga la información, yo le comunico y tiramos el coñazo.

—¿Entonces tú también estás montado sobre eso?

—Bueno, parcero, ¿qué cree usted? ¿Que le voy a dar billete, hombres, armas y arriesgar tanto en una operación así no más? Yo también debo velar por mis intereses. Yo le estoy apostando a Luis Restrepo, pero no le estaría apostando si no tuviera certezas de mis ganancias.

—Está bien. Entonces, ¿cómo quedamos?

—Esperaremos a que mis fuentes nos digan el momento indicado para hacer el ataque; ese mismo día enviaré a San Cristóbal dos camionetas llenas de bandidos y, si son necesarias, enviaré tres.

—¿Y cómo piensas entrar a la casa del desgraciado ese?

—Restrepo, amigo mío, ¿debo hacerlo todo yo? Yo te envío la gente, las armas, el real; tú encárgate de la logística. Eso me dijiste, ¿no? Que tú irías al frente de la operación.

—De acuerdo, de acuerdo.

—Por otro lado, te daré unas recomendaciones.

—Te escucho…

—Debido a lo que hablamos sobre la opinión pública y la intromisión del gobierno, volteen esa casa, vuélvanla mierda, saqueen todo lo que puedan, róbense hasta los retrovisores de los carros. Así, cuando vayan a investigar la escena del crimen, las autoridades no podrán precisar qué fue lo que sucedió.

—De acuerdo, está bien. Por otro lado…

—¿Sí, parcero?

—Se me agotó la mercancía. Necesitamos reponer los anaqueles para tener liquidez.

—Parcero, usted por eso no se preocupe. Afuera está Jimmy. Hable de eso con él, dígale que le dé cincuenta kilos; después del golpe usted, y yo arreglamos.

6

De vuelta en San Cristóbal, recibí un mensaje de Luciana. La había descuidado un poco los últimos días; el estrés de las recientes vivencias me habían privado de cualquier otra cosa que no fuera este jodido mundo de traquetos. Le respondí con cariño y le pedí disculpas por haber desaparecido, argumentando mi fuerte jornada laboral. Ella entendía, y a la vez no. ¿Cómo fui tan insistente para luego de poseerla sencillamente desprenderme? Me notifica que debe hablar conmigo, le digo que cenemos mañana por la noche, ella me esperará.

Al llegar a casa, le comuniqué al Mamaco, Alirio y Begonio que podían tomarse el día siguiente libre. Se impresionaron.

—Patrón, ¿qué le vamos a hacer por ahí? Yo debo estar a su lado, cuidándole las espaldas —

me dijo el Mamaco.

—Vaya y tómese la noche y el día de mañana, necesitamos oxigenarnos.

—Pero, ¿y si se tiran un atentado en su contra, jefecito? ¿Quién lo va a proteger?

—Costello no actuará estos días, no se preocupe. Vayan a visitar a Madame Sofía, cójanse un par de putas y agarren aire, Mamaco.

Los tres pandilleros abandonaron el que era hogar de Oliver Matamoros. Cuando salieron, me vi solo en esa enorme casa. Todo ello también me hizo pensar. "¿Por qué sigo haciendo esto? ¿Cuánto faltará para que los padres de Oliver Matamoros se enteren que su hijo está desaparecido? No puedo seguir aquí, debo abandonar este lugar."

[...]

Durante la madrugada, no podía dormir. ¿Estaba haciendo lo correcto? No podía dejar de pensar en mi hija. ¿Qué le estaba dejando a Clara? ¿En qué la estaba involucrando? Sus sueños, su futuro... "¿Y si alguno de esos malditos decide cobrarse venganza con mi hija? ¡Mierda!" La idea no podía sacármela de la cabeza, me llenaba de angustia, de rabia, de dolor. Este mundo es una maldita porquería, y yo había decidido entrar en las alcantarillas del mismo. Daba vuelcos de un lado a otro, sudaba, me paraba, me volvía a acostar, bajaba a la sala, merodeaba la cocina, me serví un trago de whisky, volví a acostarme, salí al balcón, me fumé un cigarrillo. 4:05 de la madrugada, 4:06 de la madrugada, 4:07 de la madrugada… Y así pasaban los segundos, los minutos, luego las horas. Eran casi las 5:00 de la madrugada y yo seguía despierto. Despierto y agotado, dormido con los ojos abiertos. Me acostaba en la cama y, de inmediato, transpiraba de nuevo. No tenía calor, pero sudaba frío. ¿Qué demonios me estaba pasando? ¿Por qué no podía controlarlo?

Intenté llamar a Luciana en un par de ocasiones. No contestaba el teléfono. "De seguro duerme, ni siquiera ha salido el sol". Nuevamente recorrí aquella enorme casa, aquella casa tan grande que ahora me decidía a abandonar. Desesperado, intenté llamar a Erika. Hacía semanas que no hablábamos. Desde nuestras últimas peleas, las diferencias y el desprecio, pero ahora la necesitaba. Necesitaba una verdadera compañía, alguien que quisiera estar conmigo sin importar el destino, sin importar las consecuencias. En un par de repiques, atendió el teléfono.

—¡Erika…!

—¿Luis? ¿Qué pasó, Luis?

—¿Dormías?

—Pero por supuesto, mira la hora que es…

—Necesito hablar contigo.

—¿Qué pasó? ¿Qué tienes?

—Es que, es que… Bueno, no puedo dormir.

—¿Por qué no puedes dormir? Luis, te lo he dicho, estás abusando demasiado de las sustancias.

—No, no es eso, no es eso. Te lo juro que no.

—¿Entonces?

—¿Supiste que mataron a Matamoros?

—¿Qué? ¿Me estás hablando en serio?

—Por supuesto que sí…

—Luis, ¿en qué andas metido, por Dios? ¿Qué ha pasado contigo? ¿Qué estás haciendo? ¿Tú acaso no piensas en tu hija?

—Sí, sí, por supuesto que sí, es en lo único que pienso; por eso quiero hablar contigo. ¿Podemos hablar?

—Estamos hablando.

—No, pero en persona. Necesito que hablemos. Necesito desahogarme, necesito que me apoyes.

—Luis, yo siempre estuve ahí para ti, pero tu actitud conmigo no era la mejor. Me trataste mal, me insultaste, me golpeaste, me corriste de la casa. ¿Ahora quieres pretender que nada sucedió?

—Lo siento, ¿me puedes perdonar? ¿Puedes hacerlo? Estoy arrepentido.

—No lo sé, Luis. Tú dices algo y al par de horas cambias de opinión. Quizás ahorita te sientes solo, pero luego vuelves a lo mismo y no puedo permitir que me maltrates.

—Lo siento. Lo siento, Erika, lo siento de

verdad. Tú eres la madre de mi hija y eso nada ni nadie lo podrá cambiar.

—Ven antes del mediodía y hablamos.

—Quiero ver a mi hija.

—Aquí podrás verla. Vente a esa hora, ¿sí? Necesito dormir. Clara no tardará en despertarse pidiendo el tetero.

—Está bien, está bien. Iré en un rato. Y Erika…

—¿Sí?

—Perdóname.

—Hablamos luego, Luis, hablamos luego.

[…]

A las siete de la mañana seguía totalmente despierto. Pasé la noche entera en vela, sin poder dormir, sin poder descansar en absoluto. Tomé una ducha con agua bien fría. Restregué todo mi cuerpo con el jabón, me saqué el sudor de la noche, los miedos, las contemplaciones. Al salir de la ducha, esparcí cocaína sobre la mesa del baño e inhalé tres rayas de blanco. Necesitaba energía para lo que quedaba de día, y el sueño no me la iba a aportar. Desde bien temprano salí de casa y volví a mi antiguo apartamento a verificar las condiciones en las que se encontraba; el vigilante me saludó con normalidad, como si nunca hubiese abandonado aquel edificio. Subí por el ascensor y, al llegar al apartamento, lo encontré deteriorado, en mal estado, con restos de las cajas de droga que se albergaban en el lugar. Ahora tenía dos opciones: o encontraba un lugar nuevo para vivir, o hallaba otro sitio para depositar toda la mercancía.

Abandoné nuevamente mi apartamento y fui a la panadería de siempre a tomar mi desayuno. Pedí un café con leche, más drogas para mi cuerpo dormido. La cafeína, comparada con la cocaína, es un juego de niños, pero todo suma. Además de ello, pedí un caldo de gallina. Necesitaba calentarme, hidratarme, ni sé, lo que fuera que me diera energías. Comí con los ojos en mi espalda, volteándome cada tanto para percatarme que nadie me vigilara, que nadie me observara, que nadie estuviese atentando contra mi integridad física. De repente, un hombre tropezó contra mi silla.

—¿Qué te pasa, maldito hijo de puta? ¿Acaso estás ciego?

—Pana, disculpa, traigo a mi hija de la mano y me ha hecho tropezar.

—Pues ten más cuidado a la próxima.

—No tienes por qué reaccionar así.

—Reacciono como me dé la perra gana.

El tipo me miró confuso. Sin decir más palabras, dio tres pasos más y se apartó. Entonces volví a mi caldo, terminé mi plato y me tomé el café. Al revisar mi teléfono, eran apenas las nueve y treinta de la mañana. ¿Qué haría las próximas dos horas? Repentinamente había pasado a convertirme en una persona ansiosa. Sin darme cuenta, en eso me había transformado. Pagué la cuenta y volví a mi auto para esnifar un par de líneas más de cocaína. ¿Qué haría las próximas dos horas? Me metí en mi teléfono a revisar las redes sociales.

En Instagram se me van las horas viendo las fotos de cientos de perras que me quiero coger: María, Antonella, Mercedes, Alexandra, Romina, Génesis, Fabiana, Lola, Carina, Marcela, Daniela, Elena, Anea, Rula, Martina, Diana, Andrea... ¿Cómo hay tantas perras en este mundo y pretenden que uno sea monógamo?

En el perfil de Romina había cientos de fotos en traje de baño, con las tetas rebosantes, con ese culo inmenso, y luego se quejan de que las morboseen. Empecé a tocarme. Había una foto en específico que me volvía loco: frente al espejo, con una ligera tela que apenas lograba cubrir los pezones de sus senos. Coloqué el teléfono sobre el tablero de la camioneta y me comencé a tocar con mayor fuerza, masturbándome. Cuando sentí que iba a acabar, coloqué el teléfono a mi lado y acabé sobre la cara de la perra de Romina en la pantalla del celular. Luego, naturalmente, tuve que limpiarlo. Apenas habían pasado quince minutos. "¡Mierda, y ahora qué...!" De pronto, revisé un mensaje de Luciana:

» Estaba dormida cuando llamaste. ¿Qué pasó?

¿Por qué me llamas tan temprano?

Le respondo:

» No podía dormir y quería hablar contigo. Me haces falta, quiero verte.

Me dice:

» ¡Aww! Tan lindo, la verdad es que yo también quiero verte. No sé qué me hiciste, pero luego de ese viaje siento que quiero estar contigo todo el tiempo.

Le respondo:

» ¿Quieres que pase por tu casa? Tengo una reunión en un par de horas, pero ahorita estoy libre.

Me dice:

» Dale, vente en veinte minutos. Voy a bañarme rápido.

[…]

Al llegar a casa de Luciana, salió a recibirme en toalla, con el cabello mojado y esa sensación de desnudez enfermiza.

—Te dije que vinieras en veinte minutos, no me diste siquiera tiempo de vestirme.

—¿Y para qué quieres vestirte si te voy a volver a quitar la ropa? —le digo.

—Luis, por favor, no. Aquí está mi mamá.

—¿Dónde?

—Pues en su habitación.

—No se dará cuenta…

—Pero Luis…

—Vamos a tu cuarto.

Caminamos silenciosamente por las escaleras y nos dirigimos a la habitación de Luciana. Halé la toalla y la dejé totalmente descubierta en cuestión de segundos. Me fijé una vez más en esas tetas que me enloquecían; nuevamente mi pene despertó y comenzó a ponerse erecto.

—Me vuelves loco, Luciana.

—Y tú a mí me gustas, Luis Restrepo, aunque deteste aceptarlo.

—¿Y por qué detestas aceptarlo?

—¿Te parece poco? Eres el padre de la hija de mi prima. Además, a veces eres pedante y grosero.

—¿Lo he sido contigo?

—No, pero lo has sido con los demás, y eso no me gusta.

—¿Quiénes son los demás?

—No sé, gente de por ahí. Tu trato diario con tus empleados, tus amigos, tu mujer...

—¿Acaso me andas vigilando?

—No es necesario hacerlo para darse cuenta.

—Quiero hacértelo.

—¿Solo viniste para eso?

—Y si es así, ¿cuál es el problema?

—Viste, eres pedante.

—No, no lo soy. Solo soy sincero.

—Si Erika se entera, me puedo morir.

—No tiene por qué enterarse.

—¿Me lo juras?

—Te lo juro.

—¿Por nada del mundo?

—Nunca lo hará.

Metí mis dedos en su vagina. Luciana comenzó a gemir con delicadeza, acercó sus senos a mi boca y comencé a lamer sus pezones.

—Siempre logras excitarme de la forma más precisa.

—Conozco tu punto débil.

Masturbándola, la tiré a la cama. Empecé a hacerle sexo oral y, de repente, se volvió loca y se paró y comenzó a quitarme la ropa. Desató mi correa como si se tratara de unas malditas cadenas. Al descubrir mi pene, empezó a devorarlo como si fuera la exquisitez más grande del planeta Tierra. Lo lamía con una intensidad frenética.

—¿Te gusta mamármelo, Luciana?

—Me fascina.

La aparté, la puse en cuatro, la sujeté por las caderas y empecé a penetrarla con fuerza. Luciana se volteaba y me miraba de medio lado con esa cara de excitación que solo ella sabía poner: se mordía los labios, sacaba a pasear su lengua y yo le daba cada vez más duro, cada vez con más violencia. Cuando se sobrevino el semen, se lo advertí.

—Quiero echártelo en la boca —le dije.

Me separé. Ella rápidamente se colocó debajo de

mí, empezó a tocarme y al instante tuvo su premio en la boca.

—Amo cogerte, Luciana.

—Espero que no ames solo eso.

—Por supuesto que no. Prométeme que no volverás a irte del país.

—¿Por qué me quedaría? —me preguntó.

—Por mí.

—¿Por ti?

—Sí, ¿por qué más?

—Tengo que trabajar.

—No, no tienes que hacerlo.

—Entonces, ¿cómo me mantengo?

—Yo te mantendré.

—No me gusta ser una mantenida. Estoy acostumbrada a trabajar.

—Conmigo no tienes necesidad de hacerlo.

—Sí, si la tengo. Me gusta ganarme mis cosas.

—Te las estas ganando volviéndome loco. Yo te daré todo.

—No sé, lo tengo que pensar.

—Piénsalo, piénsalo, pero no me puedes abandonar.

—Ah, ¿no puedo?

—No, no puedes. Tú eres mía, Luciana.

—¿Tuya?

—Sí, mía, solo mía.

—¿Y cómo lo sabes?

—Lo sé, lo ordeno.

—¿Lo ordenas?

—Sí, Luciana. No te dejaré para nadie más.

[…]

Cerca del mediodía, salí de casa de Luciana y le escribí a Erika que ya iba en camino para allá. Me sentía extenuado, agotado, no había dormido nada la noche anterior. Me había masturbado, acababa de sostener relaciones sexuales con Luciana y mi cuerpo no daba para más. Entré el auto y, una vez más, volví a meterme dos líneas de coca. Aquello era lo único que lograba mantenerme con vida. Pensaba en mi hija, en mi hermosa Clara que no veía desde hace días. "¿Me extrañará? ¿Recordará a su padre?"

Tomé la avenida Carabobo y empecé a descender hasta llegar al barrio donde vivía mi estúpida suegra. Llamé a Erika por teléfono y le pedí que me abriera la puerta. Salió en ropa de ejercicio, una pequeña blusa y una licra negra.

—Estás hermosa —le dije.

—Me dijiste que venías a hablar —contestó.

—Y es justo lo que vengo a hacer —le respondí—, pero estás hermosa. ¿No te lo puedo decir?

—¿Qué tienes? Anoche me dejaste preocupada.

—¿Tu mamá?

—Mamá no está. Salió, tenía consulta médica.

—¿Y mi hija?

—Tu hija está durmiendo. No la despiertes, de seguro ella sola despierta en una media hora.

—¿Entonces estamos solos los dos? —pregunté.

—Así parece.

—Erika, te extraño.

—¿Eso era lo que venías a decirme?

—Me hacéis falta, tú y mi hija.

—Luis por favor…

—Es en serio.

—¿No recuerdas cómo me trataste? ¿Lo que me dijiste? ¿Cuando me golpeaste?

—Estoy arrepentido, muy arrepentido…

—Siempre dices lo mismo.

—Esta vez es en serio.

—Luis, vamos a hablar claro: estás consumiendo demasiadas drogas. Eso no es bueno, ni para ti ni para tu hija.

—Lo sé, lo sé, pero quiero cambiar. Quiero y puedo cambiar.

—¿Lo estás diciendo en serio?

—Totalmente en serio. Te lo juro.

—Ay Luis, no lo sé. Es que, la verdad, tú me tratas como se te viene la gana cuando te provoca, eres demasiado bipolar…

—No volveré a ser así.

—¿Qué tenías anoche? ¿Qué te pasaba?

—No podía dormir.

—Lo sé, pero ¿por qué?

—Tengo muchas cosas en mente.

—¿Qué sucedió con Oliver Matamoros? Dios mío, no he podido dejar de pensar en eso.

—Lo mataron.

—¿Quién?

—No lo sé, no tenemos ni idea.

—Por supuesto que debes tener alguna idea. ¿En qué andas metido, Luis Restrepo?

—Tú lo sabes muy bien, Erika. Por favor, no te hagas la que no sabes.

—Quiero oírlo de tus labios. Quiero que me expliques qué estás haciendo.

—Estoy traficando cocaína, Erika.

—¡Mierda, Luis! ¿De verdad? Dios mío, no lo quería creer. Por favor, te pido que te vayas de aquí. Vete, no puedo verte más.

—Pero Erika…

—Luis, por favor. Luis, vete. ¿Qué no ves lo que estás haciendo? Estás poniendo en riesgo la salud de nuestra hija. Cualquiera de esos malditos matones puede venir a lastimarla y ¿qué haremos entonces? Dime, ¿qué haremos?

—Pero Erika, he venido a que hablemos. Precisamente de todo eso era lo que quería hablar.

—Vete, Luis, por favor. Vete de aquí.

—¿Me pides que me vaya? ¿Te das cuenta? Trato de ser dócil contigo, de hablarte bien, me abro contigo, y así me tratas.

—Yo no puedo con esto. Sencillamente, no puedo con esto.

—Pero Erika…

—¡Vete, Luis! Vete. ¡Vete, por favor! —empezó a gritar.

De pronto, la niña comenzó a llorar…

—Es Clara. Clara me necesita…

—No, Luis. Clara necesita a un padre que piense en ella…

—Siempre pienso en ella…

—¡Vete! Vete o llamaré a la policía y les contaré todo…

—¡Ni te atrevas o te juro que…

—¿Qué? ¿Vas a golpearme de nuevo?

—Mejor me largo.

—Sí, es lo mejor. Lárgate, largarte de aquí, ya no queda nada entre los dos.

Entonces me di media vuelta y comencé a caminar. Abrí la puerta y salí de casa de la madre de Erika. En el camino se me salieron un par de lágrimas, sentí dolor, miedo, angustia… "¿Cómo empecé a convertirme en alguien tan vulnerable? ¿Qué maldita mierda soy ahora? Necesito más cocaína…"

[…]

Mientras conducía, me percaté que ni siquiera entre la música y el cigarrillo podía serenarme en esos momentos. No podía dejar de pensar en mi hija. ¿Estaba acaso traicionándola? Si todo esto lo hacía por ella, por ella y nadie más, para que tuviera todo lo que yo no tuve, ¿cómo Erika no lo podía comprender? Recreaba una y otra y otra vez el sentimiento de dolor, de rabia, de frustración. "¿Acaso la falta de sueño estará enloqueciéndome?"

Repentinamente, pensamientos intrusos comenzaron a invadirme: la imagen de Erika siendo acariciada por los brazos de otro hombre me hacía enfurecer. "¿Acaso estará ella con alguien más? ¿Será esa la razón de su desprecio?" De pronto, me di cuenta que no podía perderla. No, no podía hacerlo, no podía permitirle irse tan fácil. Debía recuperarla a como dé lugar. Estaba dispuesto a hacerlo todo para recuperarla. La tendría a ella, y también a Luciana; cambiaría lo que ella quisiese que cambiara, le daría lo que ella quisiese recibir. ¡No! No la perdería, no la perdería hoy…

Di vuelta en "U" en la avenida Carabobo una vez más, tomé un camino verde que me dirigía directo hacia su casa sin colas y coloqué una puta canción alegre, de esas electrónicas que no nos hace pensar. Conduje ya pasado el mediodía por las pobladas calles de la ciudad reseca. Encendí un cigarrillo, aspirando con fuerzas y expulsando el humo por un pequeño orificio entre la ventana y la puerta del vidrio blindado. Le envié un mensaje a Erika:

» Estoy llegando de nuevo a tu casa.

» No vengas —respondió inmediatamente. Hice caso omiso.

Estaba delicada, alterada, pero la haría cambiar de parecer. Aspiré con fuerza una vez más, boté el cigarrillo por la ventana, me paré afuera de su casa y volví a escribirle:

» Estoy afuera, sal que tengo algo que decirte.

» Te dije que no vinieras. La niña acaba de despertar y no pienso salir.

» Por favor. Erika. Si algo me quisiste todo este tiempo, sal un minuto. Solo necesito hablarte, decirte un par de cosas y luego me marcharé.

» No tienes nada que decirme. Estoy muy desilusionada, ahorita quiero estar sola. Por favor, respeta mi decisión.

» Pero Erika, por favor, no te imaginas lo mal que estoy. Anoche no pude dormir. Por favor, sal un minuto. Te prometo que después me iré y te dejaré en paz para siempre.

» ¿Por qué te empeñas en hacerlo más difícil? —respondió—. Ya hablamos, Luis. Ya todo está dicho, no me gusta ese mundo en el que te has metido.

» Está todo dicho para ti —le respondí—. No me diste la oportunidad de hablar. He estado muy molesto, estresado y confundido; por eso he cometido errores, pero estoy dispuesto a cambiar. Por favor, escucha…

Tocaron la ventana de la camioneta. Era Erika. Antes de abrirle la puerta, procuré sosegarme a sabiendas que la desesperación no me llevaría a nada bueno... Abrí la puerta y subió a la camioneta, y lo primero que hice fue fijarme en esos sexys shortcitos que utiliza para el gimnasio y la franelilla blanca sin sostenes que usa. Mi testosterona se disparó... "No puedo dejar de pensar en sexo. ¿Qué demonios pasa conmigo?"

—De acuerdo, Luis. ¿De qué quieres hablar?

Al mirarla a los ojos, me di cuenta que no sabía siquiera qué decirle. No me había programado para esto. ¿Qué podría decir? ¿Cómo había llegado a estar en esta situación de inferioridad, de ruego? "¿De qué le voy a hablar? ¿Qué hago en este momento para solventar las cosas?" Al hallarme sin palabras, lo único que se me ocurrió fue abalanzarme sobre ella para intentar besarla.

—¿Qué estás haciendo, Luis? Si salí fue para hablar. No te voy a besar, tú y yo ya terminamos. Respeta mi decisión, por favor.

Y esa maldita oración: "¡Respeta mi decisión! ¡Respeta mi decisión!" retumbaba con fuerza en mi cabeza. "Tú y yo no somos nada, tú y yo no somos nada", escuchaba una y otra y otra vez. Enloquecí, naturalmente me sacaron de quicio esas palabras. Perdí el control. No respondí nada. Como me volteó su cara, la agarré a la fuerza, metí mi mano dentro de su short e introduje con violencia mis dedos dentro de su vagina, con una violencia atroz para demostrarle quién era el dueño de lo que había en medio de sus piernas.

—¿Qué te pasa? ¡¿Estás loco, Luis?! Suéltame. Te digo que me sueltes. Voy a gritar.

Pero no la solté. Jamás se me ocurriría soltarla, no la dejaría escapar de nuevo. Así fuera lo último que hiciera, no saldría de allí. En aquel momento, ya poco o nada me importaba; volvió a poseerme el Luis Restrepo posesivo, dominante, autoritario...

A pesar de sus intentos por extraer mi mano izquierda de su vagina, yo me oponía haciendo uso de la fuerza bruta, demostrándole quién era el hombre, enseñándole lo que era capaz de hacer. De ser necesario, la obligaría a ser mía, la ataría y la llevaría a un motel; la violaría, la estrujaría, y la obligaría a vivir conmigo para siempre y ser mi perra, como estaba destinada a ser por la eternidad de las eternidades. La mudaría a un sótano en el cual la ocultaría para nunca perderla, y bajaría a ese lugar dos, tres, cuatro, quizás hasta quince veces al día para hacerla mía, para hacerla total y absolutamente mía. Pero nunca, nunca jamás me permitiría perderla. Jamás le dejaría abandonarme. Tenía demasiada rabia acumulada y ella jamás estaría con nadie, simple y sencillamente porque era mi perra, mi perra y la de nadie más.

Siguió protestando intensamente, acalorada y rabiosa. Argüía que nuestra hija estaba sola, pero en ese momento nada me importaba. Quizás me había dejado llevar nuevamente por la droga o había perdido la cabeza, no lo sé, pero la intensidad de mis emociones era demasiado fuerte. Los vidrios de mi camioneta eran totalmente oscuros y nadie se percataría de la acción. La situación estaba dada para esto: la tocaba con más fuerza, sacaba e introducía mis dedos acariciando su clítoris. Me cacheteó e insultó, pero yo la apretujaba con mi mano derecha para que no escapara y la tocaba con mi mano izquierda. Comenzó a gemir.

—¿Por qué me haces esto? —preguntó Erika, contrariada.

—Porque te amo —le dije.

Accedió a besarme. Dejó de oponer resistencia. La tocaba con mayor intensidad, le quité su franela y comencé a besar sus senos, esos senos que habían pagado los bolsillos de este señor. Le quité su short, la pasé para el asiento de atrás, metí mi cabeza entre sus piernas y mi lengua en su vagina. Ella gemía, gritaba de placer como loca. Sabía que nunca nadie le haría el amor como yo se lo hacía, y era precisamente por eso que no me podía rechazar; sabía que no podía vivir sin mí, ni yo sin ella. La violencia le excitaba, le hacía perder el control. Sentía que la recuperaba una vez más, sentía que volvía a ser mía…

—¿Te gusta? —le pregunté.

—Me fascina —me dijo, apretando los dientes.

Rápidamente me quité la ropa. Estaba más erecto y ardido que nunca. La penetré con fuerza, con ímpetu, sin importarme que el auto se balanceara de un lado a otro reflejando lo que ocurría adentro. Me encontraba encima de ella, con sus piernas abiertas y mi miembro dentro de su ser. Ella cerraba los ojos y se mordía los labios, y yo apretaba sus senos con bizarría.

—Eres mía, mía y de nadie más —le gritaba.

La maltrataba. La cogía como nunca lo había hecho, como se coge a aquellas mujeres que momentáneamente no parecen pertenecernos. Le daba tan fuerte que parecía que quería lastimarla. Ella gritaba, gritaba sin parar, sus ojos se pusieron llorosos, aguados. Empezó a dejar de moverse, estaba a punto de terminar. Le daba con mayor intensidad. Perdí los estribos y, en un impulso, la cacheteé. Ella me miró excitada, sorprendida, satisfecha, y dejó de batallar. Se rindió ante el orgasmo, dejó de moverse y cerró los ojos exhausta. Al verla acabar de esa manera, se sació mi sed de venganza y me vine encima de sus tetas…

—Te amo. Te amo demasiado —le dije una vez más.

Ella guardó silencio…

[…]

Luego de que termino, odio a las mujeres y no quiero verlas más. Automáticamente me convierto en misógino, me espantan sus vaginas recién cogidas y esa maldita petulancia de querer abrazarse tras el sexo; luego de cogerlas, lo único que me inspiran son asco y rabia. Allí acaba el encanto, el orgasmo se lo lleva todo: el amor, las ganas, la pasión, el cariño, inclusive las excusas. Ya nada nos ata, todo se ha terminado y quedará así hasta que nuestro pene vuelva a tener ganas de comer.

Entonces se despierta una vez más ese instinto asesino, depredador, que pide más carnes blandas donde echar los restos de espermatozoides que se encuentran regados en nuestras bolas. Y en base a ello funcionamos: al estado de ánimo de nuestro pene. Es lo que dicta nuestro andar, nuestra actitud, nuestras ganas, nuestras vivencias. ¿Qué sería del mundo sin los penes? No habría guerras, no habría drogas, no habría peleas, no habría amor, no habría maldad, no existiría nada, nada que valiese la pena, pues las tentaciones son lo único que merecen la pena en este jodido y asqueroso mundo.

7

Por la tarde, después de la intensa descarga sexual, finalmente pude dormir como un bebé. Al despertar eran las siete de la noche. Había dormido cinco horas corridas. Aquello era todo un logro para mí. Naturalmente, al abrir los ojos estaba más calmado. El sueño y el descanso me habían propiciado un ápice de paz, un ápice de paz que ya no desaprovecharía. Por tanto, tomé mi teléfono y empecé a llamar a mis hombres para pedirles que volvieran de inmediato a sus puestos.

—¿Qué pasó, jefecito? —preguntó el Mamaco.

—Necesito que vuelvan todos de inmediato.

—Pensé que teníamos todo el día libre —contestó.

—Cambié de opinión, los necesito aquí y ahora.

—¿Tiene algo en mente, patrón?

—Debemos prepararnos para el golpe y, además, necesitamos realizar unas ventas. Llámate a Yorkelman y también te lo traes. Debemos distribuir la mercancía.

—Sí va, patroncito, sí va. Deme unos minuticos y estoy allá.

—De acuerdo. Llámate también a Begonio y Alirio, se acabaron las vacaciones. El dinero no descansa, Mamaco.

—Tranquilo, patroncito. Lo que usted diga es la ley.

[…]

Aquella noche hicimos algo inusual: nos reunimos en casa y vimos la película de Al Pacino Scarface. Básicamente estudiamos el comportamiento de Tony Montana, por supuesto en otro mercado, otro entorno. No es lo mismo tener que batallar con los paracos y cuidarse de la Policía Nacional Bolivariana que tener que operar con el FBI, la DEA, y todos esos putos organismos de seguridad gringos.

Nuestros aperitivos eran precisamente pases de cocaína. Begonio esnifó más que todos los demás. Después de hacerse el loco, empezaba a cogerle gusto, por lo que el Mamaco reía y disimuladamente le introducía cada vez más.

Terminada la película, empezamos a hablar de negocios. Yorkelman tenía la misión de llevar la droga a los contactos que fuimos reclutando para cubrir cada vez mayores zonas. Además les expliqué detalladamente el acuerdo al que había llegado con José Pasto. Solamente esperábamos una llamada telefónica y daríamos inicio al mayor golpe a un cartel de drogas que se haya visto en Venezuela. ¿Quién se iba a imaginar hace un par de meses que Luis Restrepo estaría inmiscuido en este tipo de operaciones?

[...]

Y así es, porque esto que pasa ahora, ¿cómo lo explico? Mi nueva vida, mi nuevo entorno, mis nuevas actividades, donde no cabe nada más y tampoco nada menos que no tenga que ver con la droga, con las operaciones, con el tráfico, apenas empieza. Pero a veces me canso, me siento exhausto. Erika podría tener un ápice de razón. ¿Dónde quedó todo lo demás? ¿Dónde quedó la vida? Todo eso que se me escapa con el tiempo, la vida misma. Porque no es otra cosa sino eso: la propia vida. Empiezo a percatarme que ya no hay tiempo para ver fútbol, que desde ayer no sé cuánto tenía sin ver una película, que solo tengo tiempo para drogarme y coger, para drogarme y trabajar, para drogarme y no dormir. Luego viene todo de nuevo; empieza como una cadena, un círculo vicioso de actividades que a veces nos disgustan pero que debemos tomar.

La vida de un narco no es nada sencilla, yo puedo

afirmarlo. Yo, que apenas comienzo, porque no tengo nada en este mundo, no sé todavía lo que es lidiar con los grandes cuerpos de seguridad del Estado, con los malditos cárteles luchando por el poder. Aunque voy en ascenso, tengo bien claro que sigo siendo un puto fantasma, un fantasma y nada más. ¿A quién podría asemejarme? Todos empezaron así. Es decir, todo el mundo empieza en nada y termina en todo. O quizás también en nada, eso solo lo determina la constancia, la determinación y, por supuesto, el talento y la facultad para saber desenvolverse.

Sin embargo, ¿recuperaré mi vida? ¿Tendrá alguien sobre el mundo algo de vida? De vida cierta, es decir: sin tener que abocarse a un medio para sobrevivir. ¿Las drogas, la violencia, la carnalidad, el consumo? ¿Acaso empiezo a volverme a paranoico?

[...]

Pasaban los días y no recibía llamadas de José Pasto. Me sentía tranquilamente intranquilo. Tranquilo porque aún no llegaba la hora de actuar; intranquilo porque en cualquier momento llegaría y ¿a quién engañaba? Meterme a echar plomo en la casa del perro sucio de Costello no era una empresa fácil, no era algo que se diga: papaya. Hay que tener las bolas amarradas al cuello para no sentir miedo de perder la vida en el intercambio. En este tiempo había intentado distraerme, despejarme, pero también de cierta forma aprender. Fui al centro a comprar los DVD de la serie sobre el gran narcotraficante de todos los tiempos, Don Pablo Escobar, el mismo que fue capaz de sacar campeón de libertadores a un equipo colombiano. Con el billete todo se puede, todo se arregla. El desgraciado tenía hasta hipopótamos en su casa.

Ese es mi sueño: llegar a tener esa cantidad de billete, esa cantidad de poder, de hembras enloquecidas por tener una noche conmigo. Y ahí es donde me disperso: ¿qué lugar ocuparán en mi vida Luciana y Erika cuando llegue ese momento? Necesito otra dosis, sí, la necesito, pero, ¿por qué? La necesito, la necesito. A veces siento que pierdo la razón, como si se encontraran dos Luis Restrepo diferentes tratando de salir a la superficie: uno racional, inocente, y otro desinhibido, trastocado. ¿El balance dónde queda? ¿Por qué si estaba tan decidido de pronto me siento tan "no decidido"? Es eso. ¿Me falta decisión? ¿Me estoy asustando? ¿Estaré perdiendo la fe? ¿Qué pasa conmigo? Uno no puede andar en la vida repleto de dudas. Esa es la catapulta directa al fracaso. Cocaína, cocaína, con ella nada tengo que pensar. Solo hacer más dinero me hará callar los malditos pensamientos de inutilidad.

[…]

Martes por la tarde. Le he pedido a Begonio y al Mamaco que arreglen las cosas en mi antiguo apartamento. Empaqué todas las cosas de casa de Oliver Matamoros. A estas alturas, me asombra que el teléfono de su hogar no haya sonado una sola maldita vez con sus padres del otro lado del auricular preguntando por su hijo. ¿Cómo habrá quedado esa relación? ¿Acaso de verdad no les importa si está vivo o muerto?

De cualquier manera, no puedo seguir aquí. Ya han pasado casi dos semanas de su muerte. Tarde o temprano, la gente empezará a hacerse preguntas, y no quiero estar aquí cuando esas preguntas comiencen a aparecer. Oliver Matamoros no puede pasar tanto tiempo "de viaje y perdido".

Encontramos un nuevo depósito para nuestra mercancía por la zona industrial. Allí un primo de Yorkelman tiene un galpón inutilizado que alquilé por una miseria. El Begonio con el Mamaco se dispusieron a acomodar la mercancía. Yo, por mi parte, estaba con Alirio transportando mis enseres y ropas. De vuelta en aquel apartamento, sin Erika y Clara, me sentí algo extraño, desubicado. Bajo este techo nació mi hija, y estar aquí sin ellas era como, era como… No sé, algo demasiado extraño.

Puedo hacer cualquier mierda con mi vida, pero lo que no puedo permitir es que me pasen los años separado de mi hija; debo recuperar a Erika y Clara a como dé lugar.

[...]

Tres de la tarde. Cuando estaba terminando de arreglar una vez más mi habitación en mi antiguo apartamento, mi teléfono empezó a vibrar. Me acerqué y vi en la pantalla: número desconocido. En mi cabeza ya sabía quién estaba detrás de esta llamada: José Pasto.

—Parcerito, querido, ¿cómo le trata la vida?

—Amigo José Pasto, todo bien, todo bueno. Aquí, en labores de mudanza.

—¿Y eso, hermano querido? ¿Se compró una nueva mansión?

—No, qué va. Estoy volviendo a mi viejo apartamento, es una larga historia. Pero cuénteme, llevo días esperando para, bueno, usted sabe...

—Claro, parcero. Eso está todo listo, está cocinadito.

—¿Cómo así? Explíqueme bien, necesito detalles...

—Bueno, parcero, ya se hizo la inteligencia. Ahora hay que practicar la otra, lo opuesta a la inteligencia: la bruta, usted me entiende, ¿no?

—Por supuesto, por supuesto que sí. ¿Cuándo nos reunimos para hablar?

—Pasado mañana voy a subir a San Cristóbal, parce. Le llevo a las joyitas para que los conozca y le echo bien el cuento, ¿le parece?

—Sí va, sí va, por supuesto. ¿Dónde nos vemos?

—Bueno, hermano, dígame usted. Yo tengo ganas de comerme una buena carne asada y, además, celebrar la futura victoria con unas catiras, ¿qué me recomienda?

—Usted no se preocupe, José. Yo le arreglo todo eso, yo conozco unas niñas de por aquí.

—Así me gusta, así me gusta, Luis Restrepo. Esos son los socios que a mí me gusta tener. Le llevo unos guaritos antioqueños, hombre, pa que brindemos con licor de altura.

—Perfecto, lo espero por aquí entonces.

—Y, Luis Restrepo...

—¿Sí?

—Ande mosca, parce. Hasta que no demos el golpe, no se ponga a dar papaya.

—Tranquilo, tranquilo. Yo ando claro con eso. Nos vemos por aquí.

—Nos vemos, parce.

Terminada la llamada con José Pasto, le grité a Alirio:

—¡Alirio!

—¿Sí, patrón?

—¿Qué sabe de Begonio y el Mamaco?

—Pues están en lo que usted mandó, patrón: arreglando las cosas en el depósito, terminando de transportar la mercancía.

—¿Todavía queda droga aquí en el apartamento? —pregunté.

—Creo que quedan un par de bolsas más en la habitación de Clara, patrón.

—Más respeto Alirio, más respeto. En la habitación de mi hija no hay un carajo. Estaba allí porque no había nadie, pero eso va a cambiar.

—Lo siento, patrón.

—Escuche, yo tengo cosas que hacer. Usted se va a quedar aquí para que puedan terminar de llevar todo. Esté pilas, Alirio, no podemos estar dando papaya estos días. Las cosas están tensas.

—Por supuesto, jefecito, yo sé cómo es todo. Pero patrón, ¿se va a ir usted solo por ahí? ¿No cree que es peligroso?

—Tranquilo, tranquilo, yo ando pendiente. Usted preocúpese de cuidarme la mercancía y estén pilas del teléfono. Cualquier vaina les llamo.

—Sí va, patrón. Sí va.

Habiendo advertido a Alirio, fui al baño y tomé una ducha con agua bien fría. Sentí que me quitaba días de trabajo sucio y pesadez. Cepillé mis dientes y me peiné para ir a ver a mi hija. Me coloqué un pantalón negro y camisa blanca; en menos de veinte minutos ya estaba listo para ir a recuperar a mi familia.

—Oiga, patrón, ¿y a dónde va tan engalanado? Seguro se va a ver a Lucianita.

—Más respeto, más respeto, Alirio. Voy a ver a mi mujer y a mi hija. Las traeré de vuelta a casa, así que no vuelvas a repetir ese maldito nombre, ¿estamos? Si algo sale de tu boca, yo mismo me encargo de cerrarla.

—Oiga no, patrón. Usted tranquilo, era molestando...

—Vamos a jugar al respetico.

—Lo siento, jefecito.

—Arrégleme la cama y termine de barrer la habitación. Quiero todo impecable para cuando vuelva con mi mujer e hija.

—Uy, patrón, ¿ahora también el cachifo...?

—¿Algún problema?

—No jefe, no. Para nada, solo pues decía...

Finalmente, salí del apartamento y tomé el ascensor para bajar al sótano. Subí a la camioneta y tomé destino a la casa de mi puta suegra. Quería ver la cara que iba a poner cuando supiera que me llevaba una vez más a su hija y a su nieta.

[...]

Empecé a tocar el timbre de la casa de la madre de Erika. Nadie atendía. "¿Dónde hijo de putas estarán estas mujeres?"

—¡Erika! ¡Erika! ¿Están ahí? —grité a través de la puerta.

Como nadie atendía, volví al auto, tomé mi teléfono y empecé a marcarle. Me salió el teléfono apagado. "¿Dónde estará la hija de la gran perra esa? ¿Estará cogiéndose a alguien más?"

Repentinamente ansioso, saqué una línea de cocaína y la esnifé. No me percaté, pero empecé a perder el control. Lo pierdo como un niño pequeño incapaz de tolerar nada, incapaz de que cualquier mínimo detalle de su vida no salga según lo planeado, ese abrazo que le daría al verla, ese momento en el que le diría: vuelve conmigo. Bajé del auto una vez más y fui caminando a una bodega que está a un par de cuadras de su casa. Pedí una caja de cigarrillos y una cerveza. Empecé a fumar con la doña de la bodega.

—Oiga mijo, ¿y usted cómo hizo para comprarse tremenda camionetota? Yo aquí llevo veintisiete años bregando en esta bodega y no me alcanza ni para un televisor nuevo, y perdóneme la indiscrepancia. ¿No? ¿Sí? ¿Está bien decido? ¿La indiscrepancia? En fin, es que lo veo desde hace rato tocando la puerta en casa de la señora Elena y, pues me llamó mucho la atención un hombre de plata en estas zonas pobres.

—No, señora, no se preocupe. Y claro es que no siempre fui de dinero. ¿Usted conoce a la hija de Elena?

—Claro, claro, ¿cómo no? A Erikita desde niñita la cargo en brazos. Su mamá siempre la mandaba a comprar la mantequilla y el aceite acá. Claro, eso cuando había, cuando uno podía vender mercado. Ahorita uno sobrevive con la venta de cigarrillos y alcohol, y bueno, eso con lo que se consigue. Usted sabe que la vaina está cada vez más jodida.

—Claro, claro, entiendo. Bueno, ¿supongo que ha visto a la hija de Erika?

—De lejitos, de lejitos. Ya Erika no viene mucho para acá, pero sí he visto que carga un coche con una bebé.

—Bueno, esa es mi hija…

—¿Esa es su hija? Ay, tan tierno… ¡Qué hermoso! Yo siempre quise tener una culicagada así, pero no, qué va, yo me enfermé. Casi me voy pal otro lado, de vaina estoy aquí. Yo nunca pude quedar preñada, y eso que lo intenté. Uff, bueno, usted ni se imagina cuántas veces. Me quedaron hasta caídas las tetas de todas las veces que me puse a darle, pero nada mijo, nada. Dios no quiso mandarme angelitos del cielo…

—Bueno, es que quizás…

En ese momento, vi que un auto se aproximaba a la casa de mi suegra. Me perdí de la conversación y fijé mi mirada en el carro. Del mismo se bajó Erika, fue al baúl del auto y sacó el coche con Clara en sus brazos. No logré ver quién venía dentro. El carro se dio media vuelta y se marchó. Erika se percató de la presencia de la camioneta y rápidamente entró a casa.

—Señora, debo irme. ¿Cuánto le debo…?

—¡Ay mijo, deme…

—Tome, ahí tiene. Quédese con el cambio —le dije, dándole una pila de billetes de cien.

—Uy papá, ¿por qué tanto dinero?

—Quédeselo, señora. Usted ha trabajado bastante…

Tomé camino una vez más a la casa de mi suegra. Me paré afuera y toqué la puerta con agresividad.

—¡Erika, te vi entrar, ábreme la puerta! ¡Erika! ¡Erika coñ…!

La puerta se abrió.

—¡Luis! ¿Qué haces aquí? ¿Por qué vienes así, sin avisar?

Me exasperé. Entré con violencia y tomé a Erika del cuello…

—¿Me puedes explicar con quién demonios andabas?

—¡Luis, suéltame! Suéltame, por favor…

—Dime, ¿con quién hijos de putas estabas?

—Luis, no puedo respirar.

—¡Respóndeme! ¡Que me respondas!

—Su – su – suél – ta – me. Suél – tame. Por, por, por favor. Así, así no, no pue – do, no puedo, hablar, hablar…

—Coño e' la madre, ¿con quién estabas?

—¡Que me sueltes te dije! —gritó Erika, pateándome en el estómago y apartándome de ella.

—Ah, ¿sí? ¿Muy arrechita ahora?

—Por favor, escúchame, Luis Restrepo. Si me sujetas así no puedo hablar…

—¿Dónde carajos estabas? ¿Quién estaba en ese carro?

—¿Acaso estás loco? ¿Qué mierda te pasa por la cabeza? Estaba comprándole ropa a Clara. Mira, ahí está la bolsa en el coche. En el carro estaba mi amiga Lorena.

—¿Acaso me crees imbécil, Erika? ¿Crees que soy estúpido?

—Mira, si quieres revisa la puta bolsa. Lo que hay es ropa de tu hija…

—¿Y por qué coños no me contestabas el teléfono?

—Me había quedado sin batería ¿Qué tiene de raro? Si quieres, revisa para que veas, estaba hablando con Lorena…

—¿Y no era que no tenías batería? —le reproché.

—Acabo de ponerlo a cargar. Está allí, en la sala. ¡Mierda! De verdad estás mal de la cabeza. ¿Ves cómo eres? Me habías prometido que jamás volverías a tratarme así. ¡Mierda, Luis! ¿Qué te pasa? ¿De verdad te volviste loco?

—¿Me juras que estabas con tu amiga?

—Coño de la madre, ¿qué más voy a estar haciendo en la calle con tu hija?

—Lo siento, Erika. De verdad lo siento, es que de repente sentí…

—No Luis, ¿qué te pasa? De pana, ¿cómo vas a agarrarme así? ¿Tú crees que yo soy otra de tus putas que puedes agarrar a la fuerza como se te dé la gana?

—Te agradezco no me faltes el respeto, Erika…

—¿Faltarte el respeto yo? ¿Yo? Maldita sea, más bien no puedo portarme. Lo único que hago es cuidar a tu hija, Luis, cuidarla mientras tú andas en la calle drogándote y cogiéndote a cientos de putas…

—Más respeto, por favor. Te recuerdo quién mantiene a tu hija…

—Sí, la mantienes. La mantienes con dinero sucio…

—El dinero con el que acabas de comprarle la ropa.

—No. Para tu información no fue así. Ese dinero me le dio mi mamá…

—¿Tu mamá? ¿Tu mamá? Me das risa, tu mamá no tiene ni dónde caerse muerta…

—No lo puedo creer. La verdad, no lo puedo creer…

—¿Qué? ¿Acaso estoy diciendo mentiras?

—¡Luis! Lárgate de aquí, lárgate de aquí ya…

—No, espera, espera. De verdad lo siento, quiero disculparme…

—¡Lárgate de aquí, Luis Restrepo! No te quiero ver…

—Discúlpame, discúlpame Erika, por favor…

—Vete, vete de aquí…

—No, vine a ver a mi hija…

—Por Dios, Luis Restrepo. ¿De aquí a cuándo te preocupas por ver a tu hija?

—Erika, por favor, no pongas nuestros problemas de por medio. Quiero ver a Clara. No nos pongamos estúpidos…

—¿Estúpidos? ¿Estúpidos? ¿Quién empezó con la estupidez? ¿Con la violencia? No puedo creerlo, lo agazapado que eres…

—Ya basta, vine a ver mi hija…

—Pues ahí está. Si tanto quieres verla, está en la habitación…

Entonces acabé con la conversación y fui al cuarto. Clara estaba metida en su corral. Al verme sonrió…

—¿Dónde está la niña de papi? ¿Dónde está la niña de papi?

Clara alzó sus brazos pidiéndome que la alzara. Sonreía. Hacía tiempo que no la veía sonreír así; la tomé entre los brazos y fui una vez más a la sala.

—¿Lo ves? —le dije a Erika—. A Clara le hace falta su padre.

—Por supuesto que le hace falta. No ha sido ella quien ha decidido que la abandonen.

—Yo no la he abandonado.

—Pareciera que tuvieras siempre cosas mejores que hacer.

—Ya basta Erika, por favor. No quiero pelear más. De hecho, de hecho venía…

—¿Venías a qué?

—A pedirte que volvieras a casa conmigo.

—¿Qué? ¿Acaso perdiste la cabeza? Yo no vuelvo a pisar esa casa de suciedades…

—No Erika, no, volví al apartamento. Quiero que volvamos allí, a nuestra vida de antes, ¿recuerdas?

—Esa vida murió hace mucho.

—Podemos hacerla revivir.

—Tú estás loco, Luis, estás demasiado loco. Hace minutos me estabas ahorcando.

—Perdí la cabeza por unos minutos, pero tienes que entender. Eso solo lo hago porque estoy loco por ti, Erika, estoy loco por ti y no lo puedo evitar.

—Ya basta, Luis. Ya basta, por favor.

—Vuelve conmigo, vamos de nuevo al apartamento.

—No, Luis. ¿En qué estás pensando? Eso no es así de fácil. Además, yo debo pensar en la seguridad de Clara. ¿Crees que va a estar segura en ese lugar?

—Pase lo que pase, está más segura cerca de su padre que lejos de él.

—Me da miedo que intenten hacerle daño para hacerte daño a ti.

—Precisamente por eso debo cuidarla.

—No me gusta ese mundo en el que estás metido, Luis. La verdad, no sé qué pasó contigo.

—Erika, Erika, por favor, no será así para siempre. Solo el tiempo suficiente para poder brindarle a Clara un mejor futuro. Luego nos iremos de este puto país, nos iremos y nadie volverá a saber de nosotros.

—No, Luis, es que son demasiadas cos…

—Por favor, por favor, no digas nada. Solo dime que lo vas a pensar, dime que lo vas a pensar…

—Pero es que…

—Dime que lo pensarás, nada más. Solo eso…

—Pero…

—Piénsalo. Piénsalo, por favor…

—Está bien, está bien. Lo pensaré, pero…

—Pero nada, pero nada. Piénsalo y ya está. Piensa en lo mejor para nuestra hija, ¿sí, por favor?

—De acuerdo.

—No te arrepentirás. Te juro que no te arrepentirás…

—Todavía no he tomado mi decisión.

—Pronto lo harás, pronto lo harás…

[…]

Justo cuando iba saliendo de casa de mi mujer, mi teléfono empezó a vibrar una vez más. Al observar la pantalla, me percaté que quien llamaba era Luciana.

—¿Cómo está la reina más hermosa de este

planeta? —contesté.

—Luis ¡Luis! Cariño, tengo que hablar contigo…

—Por supuesto. Aquí estoy. Dime, ¿qué pasó?

—No, no es eso. Necesito hablar contigo, hablar de verdad…

—Pues estamos hablando. Te estoy escuchando. Dime, ¿qué pasa?

—En persona, Luis. Necesito que hablemos en persona…

—Pues claro que podemos hablar en persona, pero me tienes preocupado. ¿Pasó algo malo? ¿Sucedió algo? ¿Por qué suenas tan nerviosa?

—Bueno, precisamente de eso es lo que quiero hablarte, pero no quiero hacerlo por el teléfono…

—Pues tranquila. Puedo ir a verte en un rato, pero necesito que me digas qué pasa porque me estoy preocupando…

—Es que…

—¿Te están amenazando? ¿Te han dicho algo?

—No, no es nada de eso. Bueno sí, o sea, me han dicho algo, pero no es una amenaza…

—Entonces, ¿qué pasa? ¿Qué sucede? ¿Por qué hablas de esa manera?

—Es que no quiero decírtelo por teléfono…

—Carajo Luciana, ya voy a tu casa, pero ¿puedes decirme qué pasa? Me va a dar un infarto de la preocupación.

—Está bien, está bien. Te lo diré, pero tienes que

prometerme que vendrás de inmediato.

—Sí, sí, ahora voy para allá.

—No, Luis. No es ahora, ni en un rato: es ya, es ahora, es de inmediato…

—Sí, sí, bueno, ya me acabo de desocupar. En este mismo instante voy para allá, pero ¿quieres decirme que carajos ha pasado?

—Estoy embarazada.

—¿Qué? —grité al teléfono.

—Estoy esperando un hijo tuyo…

—…

8

¿Otro hijo? ¿Otro puto hijo? ¿Qué mierdas voy a hacer yo con otro puto hijo? De vaina y puedo ocuparme de Clara, de Erika, ahora Luciana, y otra boca más, otro cuerpo, otro espíritu que habré engendrado. ¡Maldita sea! ¿Cómo las mantendré a raya? ¿Cómo haré para manejar la situación? ¿Deberé pedirle que aborte? Pero, ¿cómo? ¿Será capaz? ¿Lo tomará bien? Es que… Otro hijo… ¡Mierda! ¿Otro hijo? ¿O hija? ¿Y si es otra niña? ¿Qué haré con otra jodida niña? Y las casas, las mujeres, las suegras, las primas… ¡No! Maldita sea, ¡no! ¿Qué voy a hacer? ¿Qué demonios voy a hacer?

Conduje hacia casa de Luciana. Debía aclarar esta situación. "¿Y si está jugando conmigo? ¿Si me está tendiendo una trampa? ¿Si sospecha de mi reconciliación con Erika y solo quiere sabotearme? ¿Cómo saber? ¿Cómo carajos saberlo?" Bajé un poco la ventana de la camioneta, encendí un cigarrillo, lo aspiré rápidamente y lo terminé. Encendí otro y boté afuera las cenizas. El auto se llenó de ese olor, ese olor a cáncer, a químicos. Entonces pensé una vez más en el bebé, en el nuevo bebé, en el próximo bebé. "¿En Los Roques no usé condón? ¿Será que me estoy perdiendo algo…? ¿Qué pasó? ¿Qué pasó?"

—¡Quítate del camino, hijo de puta!

"Maldito borracho, casi me lo llevo. Ese cabrón tiene suerte de que no me vuelva y le meta un tiro en la garganta, hijo de puta hippie de mierda. Necesito una línea, la necesito ya. ¿Dónde? ¿Dónde la dejé? ¡Mierda! ¿Se acabó? ¿Cómo pudo haberse acabado tan rápido? Si ayer tenía… ¡Coño! ¿Ya me la acabé?"

—¡Aló! Luciana, disculpa, voy a demorarme un poco. Necesito buscar algo en casa.

—¡Luis! Cónchale, ¿te parece un juego lo que te acabo de decir?

—No, no, para nada, pero necesito con urgencia buscar algo en casa.

—¡Coño, Luis!

—No me tardo, no me tardo. Solo voy a casa un segundo y voy para allá, ¿vale?

—Te doy quince minutos.

—¿Desde cuándo me mandas así? —le pregunté.

—Desde que llevo a tu hijo en mi vientre.

[...]

Cocaína, sí. ¡Mfffffff!, mfffffffff! Justo lo que necesitaba. Sí, sí, otra raya, otra. ¡Mfffffffff, mfffffffffff!¡ Ay sí, sí, qué rico, qué rico! Tú nunca me vas a traicionar querida, nunca, nunca jamás. No me traerás dolores de cabeza a este mundo, bocas indeseadas, solo placer, solo placer. Sí, sí, una última, una última y ya. ¡Mfffff!, mfffffffff, ahhhhhhhhh! ¡Sí, sí, puta madre! Soy invencible, ¡soy jodidamente invencible! Mi nombre es Luis Restrepo, Luis Restrepo. Pronto seré el dueño de todo este puto y jodido país.

[...]

Con el corazón acelerado y la adrenalina a mil, volví a subir al auto para conducir hasta casa de Luciana. Todo a mi alrededor se dispersaba: las conspiraciones, la droga, el trabajo, las amenazas y la planificación que se venía encima, todo. Todo aquello porque presuntamente otro hijo de mis entrañas empezaba a fecundarse en el interior de Luciana. ¿Quién lo habría imaginado aquel día que tanto la deseé? Ese día en el cual la vi luego de tanto tiempo y me rechazó, y tan solo un par de meses después estaba llamando porque fruto de nuestra pasión ahora se albergaba una nueva vida. Desquiciado por el abuso de la cocaína, sentía que quería salirme de mí mismo. Todo el mundo era una gran porquería, y yo el epicentro de la catástrofe más grande la historia. Yo, Luis Restrepo, el único capaz de embarazar a un par de primas y de objetarle el poder del tráfico de drogas al perro de Costello. Sí, ese era yo. Demonio.

Al llegar a las afueras de casa de Luciana, le pedí que saliera. Bajo ninguna circunstancia entraría a ese hogar para ser acusado por los dedos inquisidores de su madre. Pasaron un par de minutos y entonces la vi, sin la mínima apariencia de barriga, con un embarazo que por los momentos bien podría ser falso. Podría ser mental y hasta cierto, todo según lo que quisiéramos creer. Caminó hasta la camioneta y bajé el vidrio un poco para decirle que se montara en el puesto del copiloto.

—Hola —me saludó con un gesto inexpresivo.

Yo me acerqué y la besé en los labios, incapaz de pronunciar palabra alguna.

—Pareces desconcertado con lo que te dije — mencionó de inmediato.

—Por supuesto que estoy desconcertado. No te enteras a diario que vas a tener un nuevo hijo — contesté.

—Bueno, es lo que sucede cuando tienes relaciones con una mujer y no usas protección, ¿o no lo sabías?

—Pero por supuesto que lo sabía, pero pensaba que, acaso no… ¿En Los Roques? ¿No nos protegimos?

—¿Qué quieres que te diga, Luis Restrepo? Tú te ocupaste de emborracharme y también de todo lo demás. Lo que te diga es mentira. No recuerdo nada, lo único que sé es lo que llevo adentro.

—¿Te hiciste los exámenes? ¿Las pruebas?

—Por supuesto. ¿Acaso crees que soy bruja? Tenía nauseas, no me bajaba la menstruación, ¿qué otra cosa iba a ser?

—O sea, ¿que ya es cien por ciento seguro?

—Pues claro, Luis. ¿O qué crees? ¿Que los niños van y vienen? Ahí está, en mi vientre.

—¿Y qué es?

—Todavía no lo sé, pero te veo como... No sé, no entiendo. Pensé que tu reacción sería otra.

—Insisto, no todos los días...

—Sí, sí, ya sé, ya sé. No sigas, que me da rabia. Necesito que me hables con claridad. ¿Vas a hacerte cargo del niño?

—¿Qué pregunta es esa?

—La que acabas de oír.

—Pero por supuesto que sí. ¿Cómo no? Solo que, solo que... Bueno, estoy impresionado; por un lado Erika y Clara, y ahora esto: tú y María, Alejandro, o como quiera que se vaya a llamar...

—¡Ya va! Ya va, tú me habías dicho que tú con mi prima nada que ver.

—Bueno, sí, pero está Clara de por medio. Eso no es así como así.

—Por Dios, Luis Restrepo, por Dios. Por favor, no me vengas a decir que aún estás involucrado con Erika y yo estoy embarazada de ti. Me puedo morir.

—Tenemos una hija, ¿cómo no vamos a estar involucrados?

—Hay diferentes formas de involucrarse.

—Bueno, no sé. No conozco las miles de formas que hay, pero por supuesto que estoy involucrado...

—¡Dios santo, no lo puedo creer!

—Bueno, ya basta. No vamos a pelear.

—¿Qué no vamos a pelear? ¿Cómo quieres que no peleemos? Estoy embarazado del hombre de mi prima. Además de ello, ya no podré regresar a España, no podré volver a mi trabajo. ¿Cómo no quieres que me preocupe, que me estrese?

—Ya te había dicho que no tenías que volver a trabajar.

—Sí, Luis, ya me lo habías dicho. Pero una cosa es lo que dices y otra es como son las cosas.

—No te faltará nada.

—Es que no es eso, no es el dinero, las cosas. Es todo: mi moral, mi dignidad, mi familia. O sea, ¿qué van a decir? ¿Qué piensas que van a decir?

—Pues si no quieres, podrías abortar.

—¿Qué? ¿Te volviste loco? ¿Acaso eres un enfermo mental? ¡Enfermo, enfermo! Lárgate de aquí, no te quiero ver.

—Pero, pero…

—¡Lárgate, lárgate Luis Restrepo! No quiero verte. ¿Abortar? ¿Abortar? Por Dios, si es una pequeña criatura.

—Bueno, entonces me largo, pero no me digas que no te lo dije…

—¡Fuera de aquí! Fuera…

[…]

¿Quién puede entender a las mujeres? ¿Quién en su sano juicio puede hacerlo? ¿Por qué carajos nos pasamos la vida persiguiendo cucas? Si todo lo que hacen es atormentarnos y jodernos. Son todas unas perras agazapadas, enfermas, maníacas. ¿Qué coños voy a hacer yo con otro hijo? ¿Otro hijo? Y no he ni matado al perro de Costello. Ahora más que nunca debo tomar el control de la ciudad. No puedo postergarlo más. Necesito un plan, necesito un buen plan y llevarlo a cabo a la perfección. Ha llegado la hora de actuar.

9

Jueves por la tarde. El día ha llegado. Estoy a la espera de José Pasto para elaborar el plan que me llevará a lo más alto de esta puta ciudad. Finalmente tendré a todos los putos adictos a mis pies sin tener la zozobra de andar escondiéndome en el anonimato. El Mamaco ha llegado desde temprano, también Alirio. A Begonio tuve que llamarlo un par de veces y le mandé a que me trajera a Yorkelman y que se viniera con dos más. En nuestras reuniones siempre debemos mostrar fuerza, compatibilidad, apoyo; es imprescindible en este mundo de las drogas. A partir de este momento, quedará de lado todo lo concerniente a hijo, mujeres, relaciones que vayan más allá del dinero.

Fuimos a almorzar en un restaurante de carnes.

Yo brindé la comida, debíamos tener fuerzas para lo que se venía. Desde temprano empezamos a tomar cervezas. El Mamaco, como siempre diciendo que eso era bebida de maricos, se cayó a rones desde la mañana. El hijo de puta puede tomar tres días seguidos y nunca se emborracha. El día empezó caótico de entrada. Pedí lomito y me trajeron una carne de mierda. "¿Qué piensan, que están alimentando cochinos?" Junto al Mamaco ya habíamos pasado por un par de líneas, ya estábamos alterados. Entonces le tiré el pedazo de carne al mesero en la cara:

—¡Tráeme lo que te pedí, basura! ¡Lomito, lomito! No este pedazo de pellejo.

—Pero señor, eso es lomito. Es lo que nos traen desde…

—¿Dónde está el gerente? ¿Dónde está? No estoy pagando para que me traigan los restos de una res desnutrida.

—No señor, no se preocupe. Le mandaré a cambiar el plato.

—Más te vale, y espero que esta vez me traigan algo bueno.

A los veinte minutos, un nuevo mesero me trajo el nuevo plato de carne. Ya llevaba como seis cervezas, y no sé si aquello fue lo que me hizo sentir diferente la textura; mastiqué sin dificultad el nuevo plato de proteína animal y llené mi estómago de carne. Al salir pasamos por una licorería. José Pasto dijo que traería aguardiente antioqueño, pero yo también le recibiría con el mejor ron del mundo. "Esos colombianos aprenderán hoy lo que es bueno…"

—Jefe, ¿y dónde nos reuniremos con José Pasto y su gente? —preguntó Begonio.

—Tienes razón, no lo había pensado. La verdad, esperaba que fuéramos a algún sitio. Él quería mujeres, ¿no? Podemos ir a donde Sofía.

—¿Y cuadrar allá la masacre, patrón? —preguntó el Mamaco—. No me parece. Necesitamos privacidad. Vamos a hablar de cosas serias y no puede quedar nada al azar.

—Lo sé, lo sé, Mamaco. No soy ningún estúpido, pero ¿qué podemos hacer? ¿Vamos al depósito? ¿A ese maldito galpón de mala muerte?

—Tengo una idea —dijo Alirio.

—Ilumínanos —acotó Begonio.

—¿Si vamos a la casa de Oliver Matamoros? —propuso Alirio.

—¡Cállate la jeta! —dijo el Mamaco.

—No, espera, ¿por qué no? Puede ser, todavía tengo las llaves —dije.

—Solo habría que ver si no han vuelto los padres, si no hay nadie allí —resumió Alirio.

—Sí, sí, no es mala idea. Solo tendríamos que averiguar…

—Patrón, ¿a usted no le parece extraño que nadie se haya preguntado por el maldito de

Matamoros? —preguntó el Mamaco.

—Sí, sí, por supuesto, es bastante extraño. Los padres debieron haber llamado cientos de veces sin conseguir respuesta; sus amigos, la gente a la que le vendía… Pero no sé, quizás todos saben que es un loco de mierda capaz de irse a Australia y no decir ni pío. Quizás por ello ni se preocupan —acoté.

—Puede ser, pero debemos tener cuidado.

—Claro, claro, por supuesto que sí, eso lo tenemos en cuenta. Pero en vez de estar dando papaya por ahí con José Pasto y toda su gente, podemos reunirnos en la casa de Oliver Matamoros, y pasamos por donde Madame Sofía y le pedimos que nos envíe unas buenas mujeres en la noche, ¿no creen?

—Yo quiero a la morena de la otra vez —dijo el Mamaco.

—Las que sean, Mamaco. Que caiga la que tenga que caer, lo importante es pasarla bien.

—Entonces, ¿vamos a dónde, jefecito? —preguntó el Begonio, que se encontraba manejando.

—Dale para la residencia de Madame Sofía. Hoy la fiesta será a lo grande.

—Sí, señor.

[…]

Llegando a casa de Madame Sofía, la llamé por el celular y no me contestó. Era extraño, puesto que esta vieja siempre estaba pendiente del teléfono. Debía bajarme y le pedí al Mamaco que me acompañase. Nos acercamos y tocamos a la puerta. La casa parecía estar en completo silencio.

—¡Sofía, Sofía, es Luis, Luis Restrepo!

Pero nada, no se escuchaba a nadie en el interior.

—Mamaco, ve y asómate por la ventana a ver si escuchas u observas algo.

El Mamaco se fue a caerle a la casa por la puerta de atrás. De pronto, se escuchó un sonido detrás de la puerta; se abrió la cerradura y era una de las mujeres que habitaba la casa de la Madame.

—Hola, buen día, disculpa. Vengo buscando a Madame Sofía. ¿Tú eres…?

—Esmeralda —respondió la mujer—. Estoy a cargo por estos días.

—¿Qué ha pasado con Sofía? —pregunté.

—Está enferma, es todo lo que puedo decir.

—¡Mierda! Necesito unas mujeres.

El Mamaco apareció de pronto por la parte de atrás.

—Patrón, no veo nada.

—Ya, ya, tranquilo. Aquí estoy hablando, vigila alrededor —le contesté—. Como te decía —volví a dirigirme a la mujer—, necesito unas mujeres para esta noche. ¿Cómo podemos hacer?

—Pues señor, venga acá y entonces resolvemos.

—No, no. Es que no me entiendes. Necesito que vayan a un lugar, y necesito bastantes. Tenemos una fiesta con empresarios colombianos, tú sabes cómo es la atención.

—Disculpe, ¿cómo me dijo que se llamaba?

—Luis, Luis Restrepo.

—Luis Restrepo, usted conoce muy bien las políticas de Madame Sofía. Las mujeres no deben salir de la residencia a hacer trabajos por fuera.

—Lo sé, lo sé, pero soy cliente de Sofía desde hace tiempo. Me conoce muy bien, estoy seguro de que si hablas con ella…

—Madame Sofía no puede hablar en este momento. Lo siento, pero son las ordenes que tengo. Se encuentra indispuesta por estos días.

—¡Mierda! Pero dile que es Luis Restrepo, que estoy aquí…

—Señor, cuánto lo siento, pero…

—Escúchame, les pagaré en dólares. Si Sofía está indispuesta, no tiene por qué darse cuenta. Necesito seis mujeres. Además, te pagaré a ti extra por conseguirlas.

—¿De cuánto estamos hablando? —preguntó directamente.

—¡Ah! Así que este es tu lenguaje… En fin, te pagaré lo mismo que a cada una de las mujeres.

—¿Nada más?

—¿Te parece poco? Te ganarás todo ese dinero por no hacer nada, por solamente mandarlas a una dirección.

—Vamos a hacer algo: yo también iré, y me

pagarás eso, más lo que me corresponde por el trabajo.

—Sí así lo quieres, no tengo ningún problema.

—Bueno, ahora nos estamos entendiendo mejor.

—Me alegra que hayamos podido llegar a un acuerdo; entonces estén a las ocho en casa de Matamoros.

—¿De Matamoros? —preguntó la mujer.

—¡Ay! Cierto, cierto, verdad que... En fin, es en Barrio Obrero, por la farmacia Santa María. Te enviaré la dirección detallada por un mensaje.

—Vale, anota mi número.

—Dámelo.

—Cero cuatro cero cuatro...

—Sí, ajá...

—Siete veintidós uno cuatro nueve dos.

—Te espero a ti y a las mujeres a las ocho de la noche.

—¡Espera! ¿Y no vendrán a buscarnos?

—¿Para qué te estoy dando la dirección entonces?

—Nosotras no salimos así. ¿Acaso qué crees? ¿Que somos qué?

"Seguramente son las princesas de Inglaterra", pensé en mis adentros.

—Tranquila, tranquila, yo las mando a buscar con mi chofer. Estén todas listas a esa hora, por favor.

—De acuerdo, cariño. ¿Y mi pago?

—Te lo doy allá.

—¡Oh, oh! No, allá me pagas el servicio de cuerpo; aquí el logístico.

—No tengo dólares aquí —le respondí.

—Entonces no hay trato.

—¡Puta! Mujer, qué jodida que eres. Begonio te traerá el dinero en media hora. Más te vale que seas buena en la cama.

—Soy mejor en la cama que lo que soy como negociante.

—Ya lo veré, ya lo veré.

—Nos vemos en la noche, precioso —me dijo lanzándome un beso y, al despedirse, se alzó la blusa mostrándome sus pechos.

—Eres una puta —le dije en modo simpático.

—La mejor de todas —contestó.

[…]

¿Qué habrá pasado con Madame Sofía? ¿Se habrá contagiado de alguna enfermedad venérea? ¿Será que tanta droga y prostitución finalmente le afectó? O acaso… ¿Será…? ¿Se habrá enterado de la muerte de Oliver Matamoros? ¿Habrá tenido algo que ver? ¿Se estará ocultando por ello? ¿Sabrá algo la vieja? Mejor no especular. Al fin y al cabo, tampoco me interesa lo que pase con ella, con tal no se meta en mis asuntos y consiga a las mujeres cuando las necesito…

Al salir de la residencia de las mujeres de la mala

vida, nos dirigimos a la casa de Oliver Matamoros. Estaba tal cual como la dejamos. Nada había cambiado, nadie había entrado. De alguna forma, ese pedazo de construcción nos seguía perteneciendo. Mandé al Mamaco a comprar el hielo y traer el ron; también un par de cajas de cerveza, porque hoy se celebraba, sí, se celebraba a lo grande nuestro ascenso en el mundo de las drogas, nuestra consolidación en el tráfico en el Estado. Ya era hora de empezar a pensar en grande, de empezar a sacar cargas por avioneta hacia Aruba, Curazao, Estados Unidos. "Bueno, bueno, con calma Luis Restrepo, con calma. Un paso a la vez, un paso a la vez."

Cuando el sol empezó a ponerse detrás de las montañas, recibí una llamada en mi teléfono de un remitente desconocido, lo que quería decir que se trataba de José Pasto.

—¡Aló! —contesté.

—Parcerito, parcerito querido, voy entrando a la ciudad cordial.

—José Pasto, cuánto me alegra. Aquí estoy esperándolo, vengase para acá.

—¿En dónde nos vamos a ver, parcero? Para decirle al conductor que nos lleve.

—¿Conoces bien San Cristóbal? —le pregunté.

—La verdad, muy poco, muy poco.

—¿Sabes dónde queda Barrio Obrero?

—Barrio Obrero, Barrio Obrero… A ver, Barrio

Obrero…

—Es en todo el corazón de la ciudad.

—Ah sí. Sí, sí me suena. Me suena y, si no, preguntando se llega, parcero. Eso es lo de menos.

—Hagamos algo: llégate a Barrio Obrero y pregunta por la bomba de la Texaco, que esa está cerca de casa. Llégate ahí y yo mando a mi chofer a que los busque ahí.

—Perfecto, parcerito. Vamos en camino.

—¿En qué andas? Para decirle, para que sepa qué carros son.

—Una Ford Runner negra y otra blanca.

—Ahora mismo lo llamo. Estará ahí esperándolos. Se llama Begonio, es un gordo con pelo que parece de mentira.

—Sí, sí. Usted no se preocupe, nos vemos allá.

—Sí va, sí va.

[…]

Llamé a Begonio para que fuera con Alirio a recibir a José Pasto y a su gente; mientras tanto, me coloqué con el Mamaco a terminar de arreglar algunas cosas de la casa. Aproximadamente veinte minutos después de recibir la llamada, escuché los carros entrar al garaje. Primero venía Begonio con Alirio, seguido por las camionetas de mi socio colombiano, así que salí a recibirlo.

—Mi buen amigo, bienvenido a esta tierra, hombre. ¿Cómo me le fue?

—Parcero, todo bueno, sabroso. Tomándome una cervecita venezolana, que vaina más buena.

—De primer mundo, ¿sí o qué?

—Por supuesto. Cuénteme, parcero, ¿qué vamos a comer? Venimos con hambre.

—Pensé que querían tomarse algo primero.

—Dejemos eso y la hablada para después. Me están sonando las tripas, y usted sabe que cuando las tripas se ponen tercas no hay quien las dome.

—Bueno, en ese caso vayamos a un restaurante de carnes bien bueno que hay por la Rotaria.

—¿Eso es lejos de aquí?

—No, que va, sus diez minutos. Yo voy llamando para que tengan lista la comida. ¿Qué se le antoja?

—Solomo, chorizo, papa y lo que se venga. Que le vayan echando candela, dígale que vamos con gente y con hambre.

—Ahora mismo llamo. Déjeme ir a buscar mi billetera y salimos.

Entré una vez más a la casa. Fui a buscar mi billetera, pero también aproveché para ir al baño a soplarme la nariz antes de salir. Cuando iba a subirme al auto con Begonio, José Pasto me llamó.

—Vengase acá, hombre, así vamos hablando en el camino.

Entonces cambié de dirección y me subí a la camioneta de José Pasto.

—Dele para el restaurant de carnes por la Rotario y los calafates. Nosotros le seguimos —le dije a Begonio.

Subimos los vidrios, y entonces José Pasto comenzó a hablar.

—Cuénteme parcero, ¿cómo van los preparativos?

—Pues dígame usted, José. Yo ando en la espera de su gente y sus armas. Ese día, perico parejo y pa' lante contra quien salga.

—Tampoco podemos salirles como caballos desbocados. Hay que tener estrategia, parcero.

—En eso estamos claros, amigo mío. Ya ando loco por vaciarle todo un cartucho de balas en la frente al perro de Costello.

—Bájale dos, parcerito, bájale dos. Mira que la venganza nos ciega. Olvídese de ese amigo suyo el Matamoros, esto lo hacemos por dinero, por poder y por los culitos. Tenga eso en mente, parce.

—Sí, bueno, pero es que una cosa no quita la otra.

—¿Ya pensó cómo vamos a hacer para entrar a la casa del man?

—Lo único que se me ocurre es que lo llame y…

—¡No, no! ¡No, parcero! Ni loco. ¿Se da cuenta? Vamos a pensar bien las cosas. Claramente ese no es el camino. ¿Usted cree que ese man es estúpido? Nos va a delatar más bien.

—Entonces, ¿que sugieres? —pregunté.

—Tenemos que ser más cautelosos; creo que es mejor llegar echando plomo parejo desde afuera a llamarlo para decirle cualquier cosa…

—Tengo una idea.

—Te escucho…

—Su casa queda en plena avenida, ¿cierto?

—No sé, parcerito, usted es el que…

—No, no, claro, claro. Era una pregunta para mí mismo. Escucha, su casa queda en plena avenida. Lo que debemos hacer es simular una especie de choque, como una pelea en plena calle: dos autos que van casi colisionando y uno hace que el otro se vaya contra la casa de Costello. Por supuesto, no tiene que ser el gran choque, sino algo que llame la atención de los guardias que están en el portón. De inmediato van a salir a ver que sucedió. A lo que salgan, bajamos del carro que supuestamente chocó contra la casa disparando de una vez y nos bajamos a los gorilas de afuera.

—¿Tienes el cálculo de cuántos guardaespaldas tiene Costello?

—Pensé que eso ibas a hacerlo tú, ¿no?

—Por supuesto, por eso te lo digo. No puede ser así, a lo loco…

—Bueno, pero estamos armando el plan.

—Sí parcero, en eso estamos, pero tiene que ser más elaborado. Créame que si ese man llegó hasta donde está no es porque tiene puras mariposas en la cabeza.

—José Pasto, la conversación está muy interesante, pero hemos llegado al restaurant. Bajemos a comer y luego seguimos discutiendo, ¿le parece?

—Por supuesto parce, por supuesto. Si no, mis tripas se lo van a comer a usted.

Bajamos del auto, y un mesonero viejo y desgarbado vino a recibirnos. En mi cabeza no podía dejar de pensar cuán miserable podía ser su sueldo ¿Cuántos años de vida habría pasado sirviéndole la comida a los ricos, y cuántas personas llorarían la muerte de un viejo tan miserable y pobre? Cuando llegamos a la mesa, me compadecí de él y le di un poco de sencillo que tenía en mi bolsillo. El tipo sonrió y me dio las gracias como si acabara de regalarle una casa. Eso sustentó mis pensamientos sobre su pobreza. Luego la cosa se puso mejor: llegó a atendernos una mesonera con el culo del tamaño de un motor de camión y las tetas ahogándole el cuello. José Pasto de inmediato se exaltó.

—Que buenos lugares a los que me traes a comer —me dijo.

—Venezuela podrá estar echa mierda, pero eso sí te digo: no vas a conseguir mejores culos en ninguna parte del mundo.

La mesonera exótica empezó a tomar el pedido. José Pasto comenzó a coquetearle, pero asumí que a la mujer no le causaba mucha gracia ese aspecto desaliñado, la ropa de campesino y el bigote de chivo del narco. Con sutileza, le tomó el pedido y siguió con los demás miembros de la tripulación.

Pedimos una ronda de cervezas para todos. José Pasto le pidió al gerente del local que pusiera a sonar vallenatos a todo volumen; el gerente le explicó que en el local no se ponía música tan alta a esa hora, pero bastó un pequeño soborno para que las cornetas expulsaran un sonido que nunca antes habían experimentado. En media hora llegó la comida. Había carne para tirar al techo: solomo, punta trasera, lomito y cinco tipos de chorizos, y la guasacaca estaba genial. Con un aperitivo así, este tipo no se pensaría dos veces en negociar conmigo.

Cuando terminamos la cena, José Pasto intentó llevarse a la mesonera con nosotros. Fue a hablarle. No sé qué le diría, pero la mujer no parecía muy interesada. A los minutos volvió y se dirigió a mí:

—¿Todas las venecas son siempre tan duras, parce? —me preguntó.

—¿Por qué? ¿Qué le dijo?

—"No, papá". Eso le ofrecí: camioneta, paseos en lancha y viajes a Miami, y ni me volteó a mirar.

—Amigo José, no se preocupe, parcero. Aquí hay miles como esa, que no se la tire de especial. En estas calles mujeres se consiguen hasta más que el pollo, así que no le pare bolas; yo le tengo cuadradas unos mujerones para esta noche.

—Así sí, parce, así sí. Yo como que voy a tener que ponerme a venir más seguido pa estas tierras.

—Cuando usted quiera, José, cuando usted quiera.

Volvimos a subir a la camioneta, y entonces reanudamos la conversación sobre el golpe:

—¿Entonces? ¿Qué haremos? ¿Cómo nos vamos a bajar al hijo de puta ese? —le pregunté.

—¿Pues cómo más? Reventándolo a tiros al desgraciado. Vámonos por el camino del frente, y le explotamos hasta el culo a la madre.

—Pero, ¿entonces qué? ¿Hacemos lo que le dije? Le llegamos con los carros y entramos echando bala como las películas de James Bond.

—Vamos a darle, mijo. Vamos a darle tanto que cuando lleguemos ese perro no va a saber que culebra lo picó.

—Así me gusta, así me gusta escucharlo hablar… ¿Cuánta gente tenemos?

—¿Cuántos necesita?

—Ya se lo había dicho, ¿no?

—Sí, mijo. Usted me había hablado de dieciséis o dieciocho, pero yo creo que mejor traernos unos treinta, asegurarnos que ese perro no sobrevive ni porque se ponga el diablo de su parte. Y si se pone el diablo, pues lo matamos también. A la buena de Dios, usted sabe cómo es.

—¿Anda muy escoltado el man?

—Pues sí. Pero podrá estar muy escoltado, que ni el propio Maduro sería capaz de contener un ataque así. ¿No le digo yo? Vamos a darle por el frente para que se dé cuenta quién se lo bajó.

—¿Qué día tiramos el coñazo? —le pregunté.

—Este mismo domingo —respondió.

—¿El domingo? ¿Este?

—Sí, este. ¿Por qué? ¿Algún problema?

—Para nada, para nada. Solo tengo curiosidad: ¿por qué el domingo?

—Es los días que está menos vigilado. Ese parce piensa que los traquetos también se toman el domingo santo.

—¡Ah! Ahí ve usted. Ahí ve usted que el man es un Cantinflas.

—Mejor, nos hace el trabajo más fácil.

—Así es, así mismo es.

—Y parcero, cuénteme, ¿dónde es la fiesta?

—Usted no se preocupe, José, no se preocupe que yo le tengo todo eso listo. Vamos de vuelta a casa. En un rato llegan las mujeres.

—Oiga, ¿y tiene más cerveza de esa que está tan buena?

—Toda la que quiera, mijo. Hay hasta para bañarnos como en cervezada.

—Yo también le traje los guaros que le prometí.

—Bueno, hoy es el día. Hoy le damos con todo.

[...]

A las ocho en punto llegaron las mujeres, encabezadas por Esmeralda. Se había traído a siete, contándola a ella.

—Me vine con la artillería pesada —me dijo al llegar.

Al entrar, la miré de arriba abajo. La muy desgraciada cargaba un top que de alguna forma hacía que sus tetas se vieran más ricas que si no tuviera nada, y caminaba con un andar sicalíptico difícil de describir. Luego de arreglarse, era cierto: esa mujer era como la dueña del sexo en la ciudad.

José Pasto estaba en la parte de atrás de la casa. Ya llevaba unos cuantos tragos de aguardiente. Sin importar los argumentos, no se había atrevido a traicionar la bebida antioqueña. Se negó a probar el ron y, a punta de cervezas, aguardiente y perico, había entrado en calor. Cuando vio entrar a las mujeres, se paró de la mesa en la cual se encontraba jugando dominó, ese juego mamarracho de viejos infelices y campesinos que detesto con toda mi alma.

La primera en presentarse fue Esmeralda y, desde ese momento, José Pasto no le quitó los ojos de encima. Luego empezaron a desfilar las demás acompañantes. Una por una, fueron presentándose: Kelly, María, Rosaura, Delina, Marcela y Fabiola. Apenas decían su nombre, el socio las recibía con un trago de aguardiente. De inmediato mandó a subirle volumen a la corneta y sacó a bailar a las mujeres; él se regodeaba, se caía a shots y empezó a emborrachar a las mujeres, como si de hecho fuera necesario hacerlo para poder cogerlas. ¿Acaso no sabía que estas eran unas prepago? De cualquier manera, sus discípulos entraron en la misma tónica. José Pasto apartó a Esmeralda para él y dejó las otras para los demás. El Mamaco también se abrió paso en el mujerío; ese ni loco iba a perder la oportunidad de hacerse con un culo esa noche, así le tocara la sobra de otro.

De pronto, me di cuenta que estaba demasiado ensimismado. Revisé mi teléfono y tenía llamadas perdidas de Erika y Luciana. Para no darme mala vida, apagué el celular y empecé a tomar ron hasta que mis neuronas empezaran a borrarse; subí a la habitación y me caí a pases. "¡Maldita cocaína! Es la única mierda que me hace verdaderamente feliz."

Al llegar abajo, José Pasto ya estaba repartiendo de la blanca a diestra y siniestra. Tenía a todas las mujeres drogadas, y también me ofreció. Nuevamente volví a halar. Mi corazón estaba sumamente acelerado, mis ojos parecían salir de mi frente y mi mandíbula no podía parar. Me acerqué entonces a Esmeralda y le dije:

—Quiero cogerte, maldita perra. Quiero darte

hasta por el culo.

—Estoy con tu jefe. No lo quieres enfurecer, ¿o sí?

—¿Mi jefe? ¿Mi jefe? Yo no tengo jefe. Yo soy el dueño de todo esto y mucho más; él es solamente mi socio.

—Eso no fue lo que me dieron a entender.

—¿Qué quieres decir?

En ese momento, Esmeralda se marchó y empezó a restregarle las tetas en la cara a José Pasto. Parecía como si la muy puta hiciera todo aquello a propósito para enfadarme, para provocarme, y por alguna extraña razón, aquello me hacía sentir impotente, molesto, enfadado. Me agarré la botella de guaro y empecé a bajármela a los coñazos. El Begonio andaba por ahí, así que me le acerqué y le dije:

—Mijo, hoy me voy a volver la grandísima mierda. Queda a cargo. No se emborrache, mire que andamos con socios y no con amigos. Mis ojos quedan puestos en usted.

—Sí patrón, no se preocupe.

Me agarré a una de las mujeres que no sabía ni cómo se llamaba y empecé a restregárselo como un orangután enfadado. Le manoseaba las tetas y el culo. La tipa tenía la cara más desencajada que yo: esa ya ni podía darse cuenta si quien la tocaba era yo, el tipo de al lado o una de sus amigas. Me la llevé para adentro y en la cocina la puse a mamar. Parecía desesperada por chuparlo, desesperada por sacar el semen. Le quité la blusa y los sostenes, y empecé a grabarle un video con mi teléfono mamando desesperada. Al rato, una de sus amigas pasó por la cocina al equivocarse de puerta, pensando que era el baño. Cuando vio a una de las suyas en esas, empezó a reír.

—Cuidado con Rosaura —dijo entre carcajadas—, le dicen la traga venados.

"¡Mierda! ¿Qué estará intentado decir…?"

Luego de un par de minutos, no podía acabar. Aparté a Rosaura, me subí los pantalones y salimos a la rumba una vez más, yo con mi ropa normal y Rosaura con las tetas al aire. En el lugar quedaban todas las mujeres y discípulos de José Pasto, todos menos exactamente el dueño del clan y la perra de Esmeralda. Empecé a buscarlos desesperado por toda la casa. No estaban en la sala, ni en la cocina, ni en el baño. "¡Maldita sea!" De seguro se fueron a una habitación. Seguía intentado comprender cómo o por qué me daba tanta arrechera que, de todas las prepago que había en la casa, José Pasto eligiese la que yo me quería coger.

Subí a mi habitación y me caí a pases, solo. Encendí un cigarrillo y lo fumé en el balcón. Harto de intentar sosegarme, bajé y agarré a otra de las mujeres. Uno de los hombres de José Pasto empezó a pelearme, decía que no tenía por qué llevármela así. Begonio tuvo que mediar para que las cosas quedaran de ese tamaño. Juro que me decía algo más y le rompía la cabeza a coñazos a ese maldito colombiano. Estaba histérico, contrariado, con ganas de asesinar a alguien. Mejor era que nadie se me atravesara en ese momento. Cuando llegamos a la habitación, le pregunté a la mujer que cuál era su nombre.

—Yo soy Marcela —me dijo.

—¿Qué haces? —le pregunté.

—Soy estudiante —contestó, y comenzó a reír.

—Vale, ten, huélete esto.

—¿Qué es eso? —me preguntó.

—Cocaína de la buena, de la pura, no de la que el payaso ese estaba repartiendo abajo.

—Pero ya, pero ya olí…

—Dale, dale, no quiero excusas. Y desnúdate, perra, que te voy a coger.

—¡Uy! Pero ¿por qué tan grosero?

—Desnúdate, que para eso te estoy pagando.

Entonces Marcela empezó a desnudarse. Le esparcí cocaína en las tetas y empecé a esnifarla; luego le restregué el pene por la cara.

—Mámalo. Mámalo, y hazlo bien.

Marcela empezó a chupármelo. Cuando estuve lo suficientemente erecto, la volteé y se lo empecé a meter en cuatro; en un desvarío se lo metí por el hueco del ano.

—¡Ay! ¡Ay! ¡Pero no me des tan duro!

—¡Shhh! Silencio. Haz silencio, perra.

Le daba con fuerza, con extrema rabia, con arrechera. Marcela empezó a gritar. Le estaba enseñando a esa puta qué era coger de verdad. La agarré del cabello y la montaba como una potra. Cuando estuve a punto de acabar, me lo saqué y le acabé en la espalda.

—Eres muy brusco —me dijo.

—Cállate y dile a otra de tus amigas que suba. Soy yo quien está pagando por toda esta mierda.

[...]

Desfilaron dos mujeres más por mi habitación, pero ya no tenía caso. Por alguna razón, mi pene ya no reaccionaba. Volví a esnifar cocaína. Quizás estaba demasiado ebrio y ya mis órganos no reaccionaban, no lo sé, pero la cocaína era lo único que me mantenía ligeramente consciente. Cuando me di cuenta que era estúpido seguir frustrándome por no conseguir nuevas erecciones, bajé a buscar un cigarrillo, ya que los míos se habían agotado. Allí estaba Esmeralda, una vez más. José Pasto no estaba por ninguna parte.

"¿Se habrá ido? ¿Estará con otra?", me pregunté.

Fui a pedirle cigarrillos a nuestros "amigos" colombianos. Tenían de una marca extraña que no conocía. Comencé a aspirar el cigarrillo, y lentamente me fui acercando a la sucia de Esmeralda.

—Así que te fuiste con José Pasto. Te saliste finalmente con la tuya, te cogiste al más cerdo de todos.

—¿Disculpa? ¿Tenía contigo alguna especie de cláusula de fidelidad o compromiso? Había entendido que veníamos a divertir a los huéspedes, y eso hice. Además, no tardé mucho en descubrir quién me pagaría mejor.

—¿Te pagaría mejor? ¿Te pagaría mejor? Fui yo quien desembolsó el dinero para que vinieran todas, yo fui quien las contrató.

—Por supuesto, pero tu amigo fue muy generoso conmigo después. Me dio una ligera propina más grande que todo tu pago.

—Esmeralda, me estás haciendo emputar.

—¡Ah no, ah no! No, no te molestes, yo solo estoy haciendo mi trabajo. No entiendo cuál es tu problema.

—Tú tenías que estar conmigo.

—¿Me vas a pagar mejor que tu amigo colombiano?

—Ya no, gracias, ya me cogí a tres de tus amigas.

—¡Vaya! Te felicito, eres un gran semental. Entonces, ¿qué haces aquí parado hablándome? ¿Qué estás esperando?

—Las últimas eran inútiles, no consiguieron parármelo.

—¿Disculpa? Querido, creo que deberías regular tu consumo de drogas. No creo que sean mis amigas. Yo las he visto en acción, créeme que son buenas, muy buenas.

—¡Te quiero coger a ti! Quiero darte.

—Yo no soy un burro para que me estén dando. Si quieres hacer algo conmigo, conoces la tarifa.

—Ya te he pagado.

—Y ya complací a tu amigo.

—Él también te ha pagado.

—Me ha dado una buena propina, pero ya cumplí con mi parte del trato.

—Eres una sucia.

—¿Sigues insultándome porque no quiero acostarme contigo? ¿Así te comportas cada vez que una mujer te rechaza? Debes tener la autoestima muy baja.

—Nadie me falta el respeto así, ¡nadie! ¿Me escuchas? Menos una simple…

—¿Una simple qué? ¿Una simple qué, Luis Restrepo? Te agradezco que me empieces a respetar o, de lo contrario, aquí habrá problemas.

—¿Qué vas a hacer? Dime…

—Ya he causado varias guerras entre amigos, no me hagas hablar. Nunca subestimes el poder de una mujer. Si quieres algo conmigo, modifica tu conducta. De lo contrario, no me vuelvas a hablar a mí o a mis mujeres.

—¿Tus mujeres? ¿Tus mujeres? El negocio es de Sofía, no tuyo.

—Sofía se ha marchado, y dudo que vuelva.

—Me dijiste que estaba enferma.

—Pues no, no está enferma. Se largó, agarró toda su plata y se fue a la mierda. Yo quedé con el negocio. No sé qué carajos irá a hacer ella con su vida, pero si estás mal conmigo, olvídate de…

—¡Espera! Pero ¿cómo que se fue? ¿Así no más? No te lo puedo creer, ella no se iría así.

—Pues si tanto te interesa, llámala y le pides razones, esa es la verdad.

—¿Y por qué te dejaría el negocio a ti? ¿A cambio de qué?

—¿De qué crees que vivirá el resto de sus años? ¿De regalías de clientes satisfechos? Por Dios, yo me hice con el puesto, pero le pagaré una mensualidad. La casa sigue siendo suya, pero ella ya no está al frente, es todo. Las decisiones ahora las tomo yo.

—¿Y por qué me dijiste entonces al principio…?

—Porque no me daba la gana de salir de la casa así no más, necesitaba mejores condiciones. Y las conseguí, ¿cierto?

—¿Con quién se ha ido Madame Sofía?

—¿Por qué te interesa saberlo?

—Dímelo y más nunca volveré a tratarte mal…

—Se fue con un tipo como de tu edad. Era un chamo, estaba tostado, tenía cara de loco y parecía estar todo el tiempo drogado. No dijeron a dónde, cómo, por qué. Solo sé que se fueron. Yo le deposito ahora a Sofía en su cuenta y ya.

Eso es todo lo que sé.

—De casualidad… ¿De casualidad recuerdas el nombre del sujeto?

—Tenía un apellido extraño, no lo sé… Meto, Mato, Lato algo. Algo así, no sé, era un apellido largo.

—¿Matamoros?

—Sí, ajá. Eso era, Matamoros.

—¿Oliver Matamoros?

—Hasta ahí no llego, no sé su nombre. Ella lo llamaba así. El tipo iba los últimos días por las noches y dormía con Sofía. Yo no entendía qué hacía un carajo de su edad cogiéndose a esa vieja, pero le gustaba, imagino yo.

—¿Estás segura que esa era su apellido?

—Sí, por supuesto. Fue hace un par de semanas. ¿Cómo lo voy a olvidar?

—¡Mierda!

—¿Qué pasó?

—Es que… Es que no me lo vas a creer, pero ¡Matamoros está muerto!

—¿Qué? ¿Cómo va a…

—Bueno, o eso creía yo. Ahora no sé qué creer. El sujeto al que tú te refieres solía ser mi amigo y socio. De hecho, esta es su casa. Bueno, la de sus padres, pero un día me fui de viaje y, al regresar, mis empleados me dicen que Oliver Matamoros ha muerto, que lo dejaron tirado con la cara descuartizada frente a la casa. Y sí, el tipo estaba irreconocible, pero asumimos que se trataba de Matamoros. Su cuerpo se parecía demasiado.

—Me estás jodiendo, ¿verdad?

—No, no, para nada. ¿Para qué te mentiría con algo así? Te estoy hablando totalmente en serio.

—Entonces, ¿qué pasó?

—Mmm... No lo sé, estoy tan sorprendido como tú. A todas estas, imaginábamos que a Matamoros lo habían asesinado nuestros enemigos, el cartel de Costello y su gente.

—Pero entonces, ¿está vivo?

—Si lo que tú dices es cierto...

—Yo estoy segura que lo vi, y que Sofía se fue con él. Se marcharon juntos en un taxi con maletas.

—¿A dónde iban? —pregunté.

—No lo sé. ¿No te digo que Sofía jamás nos dijo nada? Solo dijo que se iba e hicimos el negocio. Supongo que al aeropuerto. Tomarían un vuelo a Caracas, pero después... Lo que te diga es mentira: si se quedaron en el país, si se fueron a Margarita, a Los Roques, a Puerto La Cruz, a España, Australia, ¿qué voy a saber? Hay tantos lugares en que puedan estar.

—¿El dinero que le mandas a Sofía les alcanza para mantenerse fuera del país?

—Son casi mil dólares mensuales. ¿Les alcanzaría?

—No, no lo creo, y menos con los vicios del hijo

de puta de Matamoros. Deben estar en alguna parte del país.

—¿Y te quedó debiendo algo acaso?

—No, no, para nada, eso es lo más extraño. Bueno, últimamente habíamos tenido problemas por unas vueltas que salieron mal, pero a Matamoros no le hicimos nada. De hecho, pensábamos que todo estaba bien y pasó lo que te dije. Pero ahora, de no ser él quien murió, ¿de quién es ese cadáver? ¿Cómo llegó hasta aquí? ¿Y quién lo puso donde lo puso?

—Ay, la verdad, no lo sé, pero yo no quiero tener nada que ver con eso. Si preguntan, yo no dije nada.

—No, no, no te preocupes. Solo intento comprender…

—Bueno, haz lo que quieras, pero a mí no me metas en problemas de traqueto. Yo solo vengo a hacer mi trabajo.

—Está bien, está bien. ¿Te puedo pedir algo?

—¿Qué pasa?

—Discúlpame por haber sido un patán.

—¿De dónde viene el arrepentimiento?

—Te voy a ser sincero: quería estar contigo y me dio rabia verte con ese tipo. Ese carajo es un imbécil.

—Pero es tu socio, ¿no?

—Sí, sí, lo es, pero eso no le quita lo cabrón, no creas. Yo estoy empezando en esto, pero no soy ningún estúpido. Yo sé en quién puedo confiar y en quién no.

—¿Y en quién puedes confiar?

—¡En nadie!

—¿Y por qué me cuentas todo esto a mí entonces?

—Porque tú jamás me venderías.

—¿Y eso cómo lo sabes?

—Porque tú también quieres estar conmigo.

—Ha vuelto el Luis Restrepo arrogante.

—¿Me estoy equivocando acaso?

—Yo mejor me voy.

—Te buscaré en estos días.

—Sabes que tengo que trabajar, ¿no?

—Maneja a tus mujeres, pero tú no te vuelves a acostar con ese cerdo.

—¿Ahora me das órdenes?

—Probablemente lo haga.

—Mejor me voy.

—¿Qué hora es?

—¿No ves? Está amaneciendo…

—¿Y tus amigas?

—Tengo que buscarlas una por una. Quién sabe cómo estarán.

—Espera, buscaré a Begonio para que las lleve.

—Está bien.

—Y, Esmeralda…

—¿Sí?

—Te estaré buscando…

10

Al otro día desperté con la resaca más miserable de toda mi existencia. Eran las tres de la tarde y el sol entraba por la ventana, haciéndome sentir como una bacteria plagada de calor infernal. Desperté sudado, con la garganta reseca, un dolor de cabeza atroz y mi cuerpo desecho. En momentos así es cuando anhelo tener a mi lado a Erika, a Luciana, o a cualquier mujer que me atienda, me haga comida y me suba agua a la habitación.

Con las pocas fuerzas que me quedaban, fui casi gateando hasta la ducha y abrí el agua fría. Me sumergí en el agua helada para borrar la resaca. Abría la boca y tomaba del agua de la regadera para hidratarme. Allí duré unos veinte minutos. Cuando cerré la llave del agua, apenas tuve fuerzas para tomar una toalla, secarme por encima, volver a la cama y cerrar nuevamente los ojos.

[...]

Me mantuve en una especie de congelamiento mental durante aproximadamente veinte minutos, pero entre la resaca, el dolor de cabeza, el hambre, los pensamientos malditos, las náuseas y el calor, no me dejaban descansar. Llamé a Begonio por teléfono. Me contestó y me dijo que estaba abajo con Alirio, arreglando la casa. Los colombianos se habían ido a un hotel a eso de las nueve de la mañana y todo quedó destrozado. Le pedí que fuera a un restaurant y me trajera almuerzo, una sopa. Sí, sopa, eso era lo que necesitaba, y suero, mucho suero para hidratarme. Los minutos eran eternos, punzantes, devastadores. En mi cabeza solo desfilaban esas imágenes asquerosas de las putas que me había cogido la noche anterior. "¿Y la cocaína? ¿Podrá la cocaína revitalizarme? ¡No, no! Mejor no. No puedo depender de ella todo el tiempo. ¡Ya basta!"

Intenté despejar mi mente y respirar profundo sin éxito. Me sentía podrido por dentro, asqueroso, fétido. Pasada media hora, volvió Begonio a la casa con la comida.

—¡Patrón! —gritó desde abajo—. Venga para que coma.

—¡Sube, sube!

Fue lo único que pude gritar. Cuando Begonio entró a la habitación, se sorprendió de ver mi rostro.

—¡Uy patrón! ¿Pero qué le pasó? Usted está pálido.

—Nada, solo estoy hecho mierda. Creo que me pasé de perico anoche. Es todo.

—Tenga cuidado, patroncito, porque…

—Sí, sí, lo sé, lo sé. No te preocupes, tráeme la comida al cuarto por favor.

—De inmediato, de inmediato se la subo.

El Begonio salió caminando rápidamente de la habitación y, en un par de segundos, estaba de vuelta con la comida.

—¿No me trajiste el suero?

—Jefecito, usted no me dijo nada del…

—¡Coño e la madre! ¿Qué esperas? Ve y me buscas suero.

—Ya voy, ya voy.

Cuando abrí el pote de la sopa, era un caldo de gallina. Tomé un par de cucharadas, y verdaderamente estaba delicioso, pero sentía que si seguía comiendo lo iba a devolver. Habría tomado a lo sumo unas quince cucharadas cuando mi estómago se cerró por completo. La carne no pude ni olerla, me provocaba unas náuseas horribles y por nada del mundo quería vomitar. Si algo odiaba en esta vida era eso, vomitar. Sentía que todos mis órganos se descolocaban cuando expulsaba los alimentos por la boca. Un par de minutos después volvió

Begonio con los sueros.

—Le traje de coco y de fresa.

—Dame los de coco ——le dije.

—Por supuesto, patrón.

—¿Y el Mamaco? No lo he escuchado.

—Está muerto, patroncito. Ese bebió con los colombianos hasta que se fueron; estaba en la remierda.

El suero me sabía asqueroso, pero sabía que, si esperaba reponerme, debía tomarlo a como dé lugar. Me tapé la nariz y me tomé medio litro de un golpe. Mi estómago era casi incapaz de procesar aquella pequeña cantidad de líquido, pero sentía que todo mi cuerpo se esforzaba en procesarlo y adquirirlo.

—Tráeme acetaminofén, Begonio. Unas dos pastillas.

—Uy patrón, usted me va a perdonar, pero yo no sé qué es eso.

—¡Coño de la madre, Begonio! ¿Acaso eres estúpido? Pues pastillas para el dolor de cabeza.

—¡Ah! Pues lo hubiese dicho antes. Eso de acetamifoforo yo no sé qué es…

—¡Acetaminofén! Acetaminofén, tarado.

—Ya voy, ya voy, patrón.

Luego de acabarme dos potes de medio litro de suero, me tomé las pastillas de acetaminofén. ¿Quién iba a pensar que el Begonio terminaría siendo mi cachifa? Nuevamente cerré los ojos y paulatinamente empezó a disminuir mi dolor de cabeza. ¡Bendito sea Dios!

[...]

Siete de la noche. Volvía a sentirme como un ser humano una vez más. Con la desaparición de mi dolor de cabeza, volvían a mí los recuerdos de la noche anterior: las bizarradas, el alcohol, la cocaína, los colombianos, Esmeralda, "¿Esmeralda? ¡Coño, Esmeralda! Y Matamoros... ¿Será cierto todo lo que me dijo de Matamoros?"

—¡Begonio! ¡Begonio! —empecé a gritar.

—¿Sí, patrón? —respondió.

—¿Dónde están Alirio y el Mamaco?

—Aquí, aquí estamos todos.

—Suban a la habitación de inmediato.

Los pasos se escuchaban a través de las escaleras de madera. El primero en ingresar a la habitación fue el Mamaco, con la misma cara de destrucción que tenía yo, luego Alirio y de último el Begonio.

—¿Qué pasó, jefe? —dijeron al unísono.

—¿Ustedes están seguros que el cadáver que vieron pertenecía a Oliver Matamoros?

—¿Cómo así, patrón? —preguntó el Mamaco.

—El cadáver que ustedes descubrieron afuera de la casa, ¿por qué dedujeron que se trataba de Oliver Matamoros?

—Pues porque era él, ¿no?

—¿Cómo lo saben? Tenía la cara desfigurada, ¿no?

—Sí, por supuesto, pero usted mismo lo vio: llevaba su ropa, el cabello era igual y, además, ¿quién carajos dejaría otro cadáver tirado frente a la casa? ¿Y con qué intención?

—Quizás alguien que quería hacernos creer que el desgraciado estaba muerto.

—Patroncito —dijo el Mamaco—, perdóneme, pero ahora sí que no lo estoy entendiendo.

—¿Dónde está el cadáver de Matamoros? ¿Qué le hicieron?

—Está todavía guardado en el sótano. Nosotros lo picamos en pedazos y lo dejamos en el congelador para que no se descompusiera.

—La cabeza no la descuartizaron en pedazos, ¿cierto? ¿Se puede reconocer el rostro?

—Pues jefecito, usted se acuerda que esa cara la dejaron hecha añicos. Pero no, la cabeza está del cuello pa arriba. O sea, está completa pues —concretó el Mamaco.

—Perfecto, vamos a verlo.

—Pero patrón, eso debe estar echo un cubo de hielo. Además, ¿para qué quiere ver eso?

—Porque tengo nueva información y, al parecer, Matamoros está vivo.

—Entonces, ¿quién es el tipo que está muerto allí abajo?

—No lo sé, y eso es lo que vamos a averiguar.

Finalmente, me paré de la cama, me coloqué una franela cualquiera y un short y empezamos a bajar al sótano. Abrimos la puerta y prendimos la luz. Empezamos a descender a ese oscuro lugar en el cual habíamos asesinado anteriormente a tipos como el Pancho, y que había sido cómplice de otros tantos crímenes. Abrimos el refrigerador, y partes del cadáver seguían allí regadas y totalmente congeladas.

—Saquen la cabeza —ordené.

—¿La cabeza solamente? —preguntó el Mamaco.

—Sí, la cabeza nada más, y pónganla a descongelar.

—¿Y con lo demás que hacemos? —preguntó Alirio.

—Por los momentos déjenlo allí. La semana que viene iremos a comprar dos cochinos vivos y los meteremos en el patio de atrás. Luego descongelaremos las otras partes del cuerpo y haremos que los cochinos se lo coman.

—¿Dónde dejamos la cabeza?

—Pónganla por allí, a un lado, donde sea. Mañana bajamos y verificamos si se trata de la cabeza del hijo de puta de Matamoros o no.

POR QUÉ PREFIERO SER UN NARCO 3

11

Aquella noche no pude dormir. Entre mi resaca, el desorden del sueño, el enigma de la muerte de Matamoros, la noticia del hijo que estaba esperando con Luciana, el cercano golpe a Costello y todo lo que ocurría a mi alrededor, no pude cerrar los ojos. Se me hacía totalmente imposible descansar y me sentía más agotado que nunca. Por alguna extraña razón, tampoco podía dejar de pensar en Esmeralda. ¿Cómo era que ahora me consumía los pensamientos una simple prostituta? Pero sí, era así, lamentablemente era así. La arrechera que había pasado cuando se marchó con José Pasto no era nada normal. Y, para recalcar, cuando recibí llamadas de José Pasto luego de la faena para ponernos al tanto, no quise responderle. "¿Qué mierdas pasa conmigo? ¿Siento celos acaso?"

A las cinco de la madrugada no aguantaba más la intriga y, por tanto, bajé al sótano a descifrar el misterio. La cabeza ya se había descongelado un poco, lo suficiente para al menos tratar de reconocer el rostro. Las heridas también se habían deshinchado un poco. Extraje los pedazos de hielo que cubrían partes del rostro y me percaté que Esmeralda tenía razón.

"¡Este no es Oliver Matamoros! ¡Mierda! —pensé—. ¿Qué es toda esta locura? ¿Quién coños está jugando con nosotros?"

Rápidamente, tomé la cabeza y comencé a subir las escaleras. Fui al cuarto de servicio en el cual se encontraba durmiendo el Mamaco y lo desperté.

—¡Mamaco! Mamaco, despierta. Mira esto.

—¡Ah! ¿Qué, patrón? ¿Qué pasa?

—Mira esto, no es Oliver Matamoros. El cadáver no era de Oliver Matamoros. El perro ese anda vivo.

—¿Me está hablando en serio?

—Por supuesto que sí. Míralo tú mismo.

El Mamaco se levantó de la cama y prendió la luz.

—¡Patrón! ¡Uy! No me lo puedo creer. Tiene usted razón, este no es Matamoros.

—No, por supuesto que no.

—¿Entonces quién es? —preguntó.

—No lo sé, ni me importa. La cuestión aquí es: ¿quién nos hizo creer que era Matamoros? ¿Por qué?

—Mmm… no sé. La verdad, no se me ocurre nada.

—Lo sé, yo tampoco entiendo. Entonces, eso también quiere decir algo más…

—¿Qué cosa, patrón?

—Costello no asesinó a Matamoros. Costello no desató la guerra contra nosotros.

—¿Y eso es malo? —preguntó el Mamaco.

—No del todo. Quizás está más desprevenido de lo que pensamos.

—Pero, y entonces, ¿quién hizo todo esto? No descartemos nada, patroncito. ¿Y si el Costello mandó a bajarse a Matamoros, y la gente se bajó a este confundiéndolo?

—De ser así, ¿por qué Matamoros se perdería?

—Pues por qué va a ser, patrón. Usted sabe que se lo van a volar y se pierde, ¿no?

—No, no lo creo. Tuvo que haber sido algo más.

—¿Entonces qué? ¿Ya no vamos a tirarnos a Costello?

—Pero por supuesto que sí. Ahora con más razón es que debemos bajarlo de esa nube. El perro inmundo ese no debe de tener la menor idea de lo que se le viene encima; es muy ingenuo, nos ha subestimado y debemos aprovechar.

—A mí si se me hacía raro que los papás del Matamoros ese no se hubiesen aparecido por acá preguntando por el berraco ese.

—¿Berraco?

—Jueputa, usted sabe. La junta con los colombianos.

—Sí. Ni los padres, ni la policía, ni nadie. No han investigado porque no ha muerto. Sus allegados deben saber que está vivo; esa es la única explicación posible.

—¿Y por qué huiría así? —preguntó el Mamaco.

—Lo único que me da a entender es que se haya asustado después de todo lo que pasó con los morochos, ¿recuerdas? Pensaría que después íbamos a querer cobrarle represalias y prefirió perderse.

—¿Y él mismo mató al otro carajo?

—¿A cuál?

—A la cabeza picha que tenemos aquí.

—¡Ah! Cierto, no lo sé. Todo esto es muy confuso. No creo a Matamoros capaz de asesinar a alguien y dejar el cuerpo tirado en un patio.

—La verdad, yo tampoco lo veo en esas.

—No sé, Mamaco, no sé, pero no le digamos a nadie nada de esto. Los colombianos deben seguir creyendo que el Costello nos hizo la guerra. Igual, ya el golpe lo daremos mañana.

—¿Mañana mismo, patroncito?

—Por supuesto. Ya es sábado, y quedamos en que el domingo destruiríamos a esa cuerda de infelices.

—Uy jefecito, si es así, entonces yo necesito dormir, porque cargo una mona que no se imagina.

—Tranquilo, Mamaco, descanse. Descanse, que el domingo se viene lo bueno. Será el domingo santo de resurrección.

—¿De los muertos?

—De los vivos. De nosotros, Mamaco.

—Patrón, yo creo que eso ni se puede.

—Bueno, usted me entendió.

—Sí, sí, bueno, voy a dormir.

—Descanse, Mamaco.

12

El sábado por la mañana le devolví la llamada a José Pasto. Me excusé con él de no haberle contestado el teléfono por la resaca tan animal que había tenido todo el día. Supuestamente no me pude parar de la cama y, ciertamente, no estaba tan lejos de la realidad. José Pasto no le prestó mayor atención. Me pidió que nos reuniéramos para terminar de finiquitar los detalles del golpe del domingo, y yo le dije que nos juntáramos para almorzar en el restaurant La Molinera, donde servían unas pastas fuera de serie.

—Nos vemos allá, parcerito, y mejor váyase solo. Cuanta menos gente sepa de los planes, mejor. Nunca falta un infiltrado en estas vueltas. El plan lo develamos el propio domingo, que a nadie le dé tiempo ni de pensar

—Está bien, compadre. Nos vemos en La Molinera a las doce entonces.

—Allá estaré, parcero.

En todo el día anterior había sido incapaz de probar la cocaína. No obstante, aquella mañana ya empezaba a sentir un poco la abstinencia. Saqué la bolsa de blanco y esnifé un par de líneas para quedar a tono y salir a las diligencias del día.

Aquella mañana llovía a cantaros. La ciudad estaba nublada. Parecía la San Cristóbal de los años noventa, aquella donde la neblina se apoderaba de la ciudad y seguía existiendo la sensación de vivir en un páramo. Subí a la camioneta yo solo, sin decirle al Mamaco, al Begonio o a Alirio a dónde iría, y fui camino al restaurant. En el camino paré en un supermercado, pues se me habían agotado los cigarrillos. Aproveché y de una vez me compré una bebida energética. Al tomarla, sentí que podía pisotear a todo el mundo, incluyendo al desgraciado de José Pasto, y quedaría ileso. Pero un hombre debe saber controlar sus fantasías y, sobre todo, no dejarse llevar por los efectos de la droga.

Llegué al restaurant pasados quince minutos de las doce. Allí ya estaba José Pasto, esperándome en una de las mesas, totalmente solo. Dos de sus hombres estaban en la entrada del local y otros dos en la camioneta, pero en la mesa solo se encontraba él. Saludé con la vista a sus gorilas y pasé a la mesa.

—José Pasto.

—Luis Restrepo.

—¿A qué se debe tanta privacidad?

—Ya se lo he dicho. Créame, que yo tengo más experiencia que usted en esto: este tipo de cosas la discuten los generales, luego que los soldados ejecuten.

—Está bien, está bien ¿Ya está en la ciudad toda la gente?

—Esta misma noche se vienen desde Cúcuta.

—¿Dónde se va a quedar todo ese gentío? —le pregunté.

—En su casa, Luis Restrepo. ¿Dónde más?

—¿En la mía?

—Por supuesto, ¿o acaso quiere usted llamar la atención trayendo un poco de malandros a una posada?

—No, no, por supuesto que no.

—Vayamos al grano.

—De acuerdo, ¿cómo haremos?

—¿Cómo haremos? ¿Pues cómo más mijo? Como quedamos, vamos a entrar a caerle a plomo a todo lo que veamos vivo en esa casa.

—Espera, allí también vive su madre.

—Pues si está en la casa mala suerte, Luis Restrepo, ¿o quieres que después nos identifiquen?

—No, no, pero…

—Si se va a poner con berrinches y con lástimas no sirve para este trabajo. Hable claro, mijo. ¿O me está haciendo perder el tiempo?

-No, no, lo siento. Es que Costello es un hijo de puta, pero su mamá no. En fin, olvídelo. Si está la vieja no las llevamos por el frente, ¿qué le vamos a hacer?

—Ah bueno, que eso quede bien claro.

—¿Y cómo entraremos?

—Usaremos la táctica suya, la de los carros; luego llegarán los demás autos cargados de gente, irrumpimos en el portón y empezamos la balacera.

—¿Quiénes irán en el primer carro? ¿Y quién echa el primer tiro?

—Mire, Luis Restrepo, yo soy el general y usted el comandante. Yo pongo el billete y la plata, pero ya le dije: lo demás lo hace usted.

—No se preocupe, yo conozco a la persona adecuada para esa labor. ¿Con cuánta gente contamos?

—Yo le voy a traer dieciocho malandros de los buenos, todos armados, todos sucios, todos matones. Usted verá cómo los distribuye.

—Bien, está bien. ¿A qué hora damos el golpe?

—Mire, siendo claro, eso hay que hacerlo tempranito. ¿Por qué? El sábado es el día de la pea, ¿cierto? Esos hijos de putas se van a poner a caerse a perico y a coger hembras, y mañana están destruidos y hechos mierda. Ahí es donde nosotros atacamos.

—Me parece bien, me parece bien. Creo que tenemos todo dominado.

—No, parcero. Vamos con un pie adelante, pero no me ponga el otro atrás. Tampoco se me confíe, porque ahí sí que perdemos el año. Ya se lo dije: si ese parce está donde está, por algo es. Vaya con cuidado, tampoco crea que voy a permitir que se pierda toda esa gente; si se mueren dos, tres soldados, bueno, pero le estoy dando todas las ventajas para que propine el golpe y salgan ilesos.

—Vale, entiendo, está bien. Entonces, nos vemos mañana en mi casa a las ocho de la mañana para hacer todos los preparativos, distribuir los grupos, repartir las armas y contar el plan. A las diez de la mañana ya deberíamos estar montados en los carros.

—No, parcero. A esa hora ya es tarde. Nos vemos a las siete, y me van saliendo a las ocho y media de la mañana; a las diez ya deben estar muertos todos esos perros.

—Perfecto, me parece bien. ¿Ya ordenaste el almuerzo?

—No, mijo. Me tenía usted aquí aguantando hambre.

—¿Qué se le antoja?

—Dígame qué es bueno.

—Pidamos el pasticho, ese aquí nunca falla. El dueño es amigo de infancia.

—Bueno, parce, yo confío en usted. Hasta ahora ha tenido buen gusto para el licor y las mujeres. Vamos a ver si la pega en la comida.

Cuando mencionó lo de las mujeres, inmediatamente se me vino a la cabeza Esmeralda y, por alguna extraña razón, me irrité; no obstante, respiré hondo, lancé una breve risa y proseguí.

—¿Cervezas?

—Pida dos, parcero, pídase dos. Pero no más, mañana es un día importante.

—¡Mesero! Dos cervezas y dos pastichos bien grandes para acá. Sí, más nada, gracias.

13

Domingo, seis de la mañana. El insomnio me ha consumido. Las conspiraciones a niveles mentales son imposibles de dejar de lado; las fantasías no me han permitido conciliar el sueño. Me levanto de la cama y voy al baño. Me echo agua en la cara, me cepillo los dientes, inhalo dos líneas de coca. ¡Mfffff!, mffffffff! Esto debe bastar para despertarme. Me meto a la regadera y tomo una ducha, me persigno, rezo, salgo y me visto. Bajo a la sala, los muebles están ocupados, el piso también. Jamás había visto tanto malandro junto en un solo lugar.

—¡A despertar, a despertar, ha llegado la hora!
Prendo la luz, los hombres congregados en aquel lugar se desconocen entre sí. Sigo mi camino hacia las diferentes habitaciones, despierto al Mamaco, Alirio, Begonio y Yorkelman. Sigo el

recorrido por los otros cuartos: negros, mulatos, gordos, bajos, espigados, caucásicos, aquí hay de todo, de todas las razas, de todas las clases, lo único que los junta es la profesión: sicarios. Algunos tardan en levantarse más que otros.

—¡Párense, párense todos! Nos reuniremos en la sala.

A las seis con cuarenta minutos ya estábamos todos listos en la sala. Diez minutos después llegó José Pasto con su chofer.

—Saludos, parcero, ¿cómo se prepara? —me preguntó.

—¿Que no me ve? Listo para matar a todo ese poco de hijo de putas.

José Pasto ingresó a la sala y, apenas entró, los suyos se levantaron para saludarle.

—Patrón —dijeron unos.

—Jefe, patroncito, cabeza —dijeron otros.

—¿Saben qué estamos haciendo hoy? —preguntó José Pasto.

—¡Sí! —gritaron al unísono los malandros.

—Vamos a bajarnos a unos cuantos gatos —rio José Pasto—. Hoy es el día en que nos vamos a apoderar de esta puta mierda, y vamos a hacerlo juntos. Por eso quiero que hoy todos le hagan caso a lo que diga Luis Restrepo.

Los hombres empezaron a verse confundidos. ¿No sabían que José Pasto no estaría presente en el golpe?

—Ayer elaboramos juntos el plan. Prácticamente los triplicamos en número y, además, lo más seguro es que los agarremos dormidos y borrachos. Por tanto, esto será pan comido. Luis Restrepo, ¿tienes algo que decir? —agregó José

Pasto.

—Sí. De hecho sí, pero, antes de contarles cuál será el plan, necesito que me digan los nombres de todos.

Picure, el Patas, Lomar, Virolo, Jeison, Venado, Pérez, Alexis, René, la Mosca, Carrillo, Tutumeco, el Casio, Fayid, Mirco, Sánchez, Albino… Esos eran sus nombres.

—Bien, nos vamos a dividir en varios grupos. El primer grupo lo van a conformar Virolo con Picure, Fayid y Alexis; ese va a ir en el primer auto junto con el Mamaco, y ese primer auto va a chocarse contra el portón de la casa de Costello. El Mamaco sabe cuál es la quinta. Apenas se asomen los guardias a ver qué pasó, el Mamaco se baja y los revienta a plomo; ustedes lo siguen. Bajarse a los dos de la entrada es el primer paso; allí van a abrir la reja y permitir que todos entremos. Después de eso, plomo parejo para cualquiera que se atraviese; no podemos dejar ni un alma viva, no importa si son mujeres de servicio, putas, madres, niños… Lo que sea que esté en ese lugar debe ser borrado, no pueden quedar testigos. Ni uno solo, ¿está entendido?

—¡Siiiiii! —gritaron todos al unísono.

—¡Vamos por esas garmundias! —dijo el Casio.

—Yo me los voy a bajar a todos —gritó el Mamaco.

—De acuerdo, de acuerdo. Mamaco, hazme un

favor: sube a mi habitación y baja la bolsa de cocaína que está en la mesa de noche. La grande, sí, tráela.

El Mamaco subió por las escaleras y fue a buscar la coca que le pedí.

—En aquella bolsa hay pan, y en la nevera leche. Ese será el desayuno. Luego cada uno se mete un par de rayas para estar activos; no sale nadie de aquí sin la nariz batuqueada. Luego de eso, nos vamos de una, sin pensarlo, a matar a toda esa plaga.

[…]

El primer grupo salió de casa a las ocho con veinticuatro minutos. Los demás esperamos un par de minutos y salimos también. Eran cuatro camionetas repletas de bandidos, todos armados hasta los dientes. Yo subí a mi camioneta con Alirio, el Begonio, Yorkelman, y el patas; nosotros iríamos desde el otro lado de la avenida para que los guardias no sospecharan y, apenas el Mamaco disparase la primera bala, nos bajaríamos, saltaríamos la isla y nos meteríamos a reventar a plomo a todo el mundo. Mi corazón estaba sumamente acelerado. Ya en la camioneta, volví a esnifar un par de rayas.

—Deme, deme ahí patroncito. Yo también la necesito —dijo Alirio.

—¿Está cagado o qué? —le pregunté.

—No jefecito, pero es pa entrar así como el

matrix y acabar con toda esa cuerda de pajudos.

—Tome, dele ahí, y pásele a Begonio, que le hace falta.

Llegamos a la avenida Carabobo. Empezamos a subir y vimos cómo la camioneta número uno embestía al portón de casa de Costello. Los guardias no salieron.

—¿Qué pasa? ¿Qué pasa? —preguntó el Begonio.

—¡Calma! ¡Calma! —respondí.

El Mamaco abrió la puerta trasera izquierda de la camioneta y se ocultó tras ella; de pronto, un hombre se asomó a la reja principal. El Mamaco salió por atrás y realizó dos disparos. El gorila de Costello cayó al suelo. Se bajaron todos los demás del auto y empezaron a echar plomo parejo.

—¡Es hora, es hora! —grité.

Nos bajamos rápidamente de la camioneta y salimos corriendo hacia la entrada principal.

—¿Qué pasa? ¿Qué pasa? ¿Por qué no abren? —pregunté.

—Está bloqueada. ¡Está bloqueada! —gritó el Mamaco.

—Tumben esa mierda, tumben el portón con la camioneta —ordené de inmediato.

A la camioneta subió el Virolo. Retrocedió la camioneta y luego la embistió con todo contra las rejas del portón, tumbándolas.

—¡Adentro, adentro! ¡Todos adentro! —grité una vez más.

Las balas empezaron a volar desde la casa. En el jardín apareció otro de los gorilas de Costello; el Mamaco se lo bajó, un tiro en el hombro y otro en el corazón. Una vez en el suelo, lo terminó con un plomazo a quemarropa en la cara. Nos posicionamos en el jardín. Empezaron a dispararnos desde las ventanas. Una de las balas alcanzó a Fayid en una pierna, casi no podíamos ver a los hombres de Costello.

—¡Hay que entrar! ¡Hay que entrar! —ordené—. Todos a la vez, todos a la vez.

Empezamos a correr camino a la puerta principal de la casa. Una bala le dio a la Mosca en el cuello y otra a Pérez en el hombro izquierdo.

—Sigan, sigan. Una vez adentro, los quebramos a todos.

El Mamaco iba al frente. Disparó a la chapa de la puerta y la tumbó. En cuestión de segundos, atravesamos todo el jardín y nos posicionamos adentro. Repentinamente, una tensa calma se apoderó del lugar, un silencio tenebroso nos ocupó.

—¿Qué pasa? ¿Qué pasa? —preguntó Albino.

—Son pocos y están replegados, escondidos. Saben que están en desventaja y, de seguro, algunos intentarán escapar. No dejen a ninguna rata de esas vivas. Váyanse en grupos de tres y maten a todo lo que vean a su alcance.

—¿De inmediato? —preguntó Sánchez.

—De una, de una. No les den tiempo de pensar, de reaccionar, de llamar a nadie. Es ahora o nunca. Mamaco, Lomar y Picure, ustedes tres vienen conmigo; los demás, dispérsense.

—¿A dónde vamos, patrón? —preguntó el Mamaco.

—A la habitación principal. Nosotros vamos por el premio gordo —respondí.

—¿Sabe dónde es? —preguntó el Picure.

—Por supuesto, siempre lo he sabido.

Comenzamos a caminar para dirigirnos a las escaleras. Las balas nuevamente comenzaron a llover, y una casi me revienta la cara.

—¡Cúbranse, cúbranse! —grité.

—¡Los voy a matar a todos, malparidos! —gritó el Mamaco.

—Ahí está, al final de las escaleras a la derecha —gritó Lomar.

El Mamaco salió corriendo con el Picure escaleras arriba. Empezaron a intercambiar disparos y, de repente, gritaron.

—Está listo el muñeco ese. ¡Suba, patrón!

Seguimos avanzando. En el resto de la casa se escuchaban las detonaciones de las balas como si de navidad se tratara.

—¿Dónde es? —preguntó el Mamaco.

—Cruza a la izquierda, dale hasta el final del

pasillo, la puerta grande que se divide en dos; allí debe estar escondido el perro ese.

El Mamaco fue delante con el Picure; yo iba atrás con Lomar. Cuando el Mamaco intentó abrir la puerta, las balas empezaron a traspasar la madera. Una de ellas alcanzó al Picure en el muslo derecho.

—Reviéntalos, Mamaco, reviéntalos.

El Mamaco abrió la puerta y disparó tres veces de inmediato.

—¡Dale, Lomar, dale!

Lomar iba al frente e ingresó a la habitación principal...

—¡Párate maricón, párate! —le gritó al Picure.

De repente, Lomar cayó al suelo: una bala había alcanzado a darle en la frente. El Mamaco lo sujetó, y utilizó su cuerpo de escudo.

—¡Entre patrón, entre! ¡Son solo dos! —me gritó.

El Picure ingresó con la pierna sangrando. Empezó a disparar a mano izquierda de la habitación. Ahí es cuando yo penetré. Al Picure lo alcanzó otra bala en el pecho, pero logró darle al mamagüevo que le disparó.

—Sigue vivo, ese sigue vivo. Reviéntelo, patrón.

Ingresé directo a mano izquierda. El que le disparó al Picure estaba herido y cargando balas. Yo aproveché y le detoné la pistola en el rostro. Cayó muerto de inmediato, y me oculté donde él estaba.

—¡Costello! Ha llegado tu final —le grité—. Entrégate o va a ser peor.

—Restrepo, ¿eres tú? ¡Eres un maldito hijo de puta! ¡Cabrón! Debí haberte asesinado.

—Mamaco, apenas tengas tiro claro vuélate a ese perro.

—¡Maldito! Mi gente cobrará venganza. Vas a ver, te lo juro.

—Tú ya no tienes con qué amenazarme.

Salí de mi refugio y empecé a disparar detrás del mueble en el que Costello se ocultaba…

—Por el otro lado, Mamaco. Dale por el otro lado. ¡Mata a ese perro! ¡Mátalo!

Con las balas lloviéndole desde la izquierda, Costello se ocultó a la derecha. El Mamaco fue a caerle por detrás.

Entonces la silueta de Costello sale detrás del mueble. Yo me sorprendo. Me apunta, yo a él. Disparo, él dispara. El Mamaco dispara. Costello cae al suelo, yo también. Tengo sangre en mis manos y un dolor intenso en la cadera. No puedo moverme. Desde el piso veo al Mamaco descargándole todas las balas al puto de Costello en la cabeza. La parte superior de mi pecho derecho también sangra.

—¡Mamaco, ayúdame! ¡Mamaco! ¡Mamaco, por favor…!

JOAQUÍN MATOS

GLOSARIO DE
TÉRMINOS Y EXPRESIONES

Buscas las camisas con tu dicho o frase favorita en
https://www.shop.lashistoriasdelaciudad.com/

Ando pelando: Andar sin dinero
Anexo: habitación o apartamento
Arrechar: enojar, emberracar, excitar sexualmente.
Bachaquear: Contrabandear o revender alimentos y productos
de primera necesidad
Bachaquero: Persona que se dedica a revender o contrabandear
alimentos o productos de primera necesidad
Bajale dos: calmarse, tranquilizarse
Bajarlo: asesinarlo, matarlo, darlo de baja.
Batuquearme: Es un movimiento rápido, también se puede
usar como ingerir la cocaína
Bolas: guevas, pelotas, testículos, arrojo, coraje, guapeza.
Burda e ladilla: Muy fastidioso
Cabellos churcos: Cabello ondulado, churco.
Caer a coba: Decir mentiras
Caer a palos: Tomar alcohol
Caer a pericos: Esnifar cocaína o perico
Caernos a perico: Ingerir perico en cantidades
Caerse a palos: Tomar alcohol
Carajito (a): niño o niña pequeña
Carajo: alusión negativa de una persona
Cayendo a paja: Diciendo mentiras
Chamos, chamitos: Así se llama a los jóvenes.
Chill: Tranquilo
Chiripita: Se refería al pene, como diminuto
Coger: fornicar, copular, relación sexual
Coñazo: golpe, puñetazo.
Coño e' madre: insulto, hijo de tu maldita madre
Crisiao: ansiedad de consumo, crisis por falta de droga
Echar birras: Tomar cerveza
Echarle bolas: Insistir, tener dedicación

Enchufados: Allegados al gobierno

Engatusarlo/engatusar: Corromper, manipular.

Esnifar: inhalar cocaína por la nariz

Fino: Bien.

Full Boleta: Algo muy notorio

Guisao: Cuadrado, cocinado, definido.

Jalada: serie se jalones o "aspiraciones" de cocaína

Jalón: acción de inhalar cocaína

Jevas o Jevitas: mujeres, novias, damiselas o prostitutas

Joderse en la mano que da de comer: Traicionar al jefe o persona que brinda apoyo

Ladilla: alguien fastidioso, molesto, desagradable.

Línea: Puede referirse a la línea de cocaína

Lucas: Dinero

Mamaguevo: Insulto coloquial

Marico: pana, compañero, amigo

Mariquear: arrepentir, echar para atrás, acobardar

Mariquito: Diminutivo de marico.

Me cargan a monte: Estar encima de una persona para que realice algo.

Me cargan jodido: incumplir con el pago de las deudas

Me cargas: Me tienes

Menor(a): Mote genérico de las clases bajas.

Menor(b): Mote que emplean los malandros

Merca: la reserva de droga para vender, la mercancía

Meter unos reales: Invertir dinero

Pacos: autoridades policiales, policías, guardias.

Pajudo: Mentiroso

Palos: Cada palo son mil bolívares.

Pana o Parce: amigo, compañero de andanzas, camarada, compinche

Pasapalos: Comida, sería el equitativo de tapas, o aperitivos

Pea: resca, borrachera, estado de ebriedad.

Pegar un quieto: Realizar un asalto

Buscas las camisas con tu dicho o frase favorita en
https://www.shop.lashistoriasdelaciudad.com/

Pegarle los mocos al techo: Andar exaltado.

Pegues: Estar drogado

Pelando: Sin dinero

Peos: problemas, conflictos, peleas

Perico: Derivados de la cocaína más impura

Piró: Mote genérico en masculino utilizado por delincuentes.

Piroa: Mote genérico en femenino utilizado por delincuentes

Platero: monto de dinero, cantidad de plata o dinero.

Ponerse con cómicas: Cambiar los términos de un acuerdo.

Rallar: Hablar mal de alguien

Rallas: Hablar mal

Ratón: guayabo, resaca

Rayado: Persona con mala reputación

Real: Dinero

Shots: cada trago de licor que se ingiere

Sifrinitas: Mujeres engreídas

Tigritos: Negocios

Tochada: tontería, bobada

Tranqué: Colgar.

Traqueto: comerciante de drogas ilícitas, narcotraficante.

Tripeo: salida de viaje, emprender un viaje

Un Pase: la dosis de cocaína que se aspira

Verga: Palabra genérica, se usa para cualquier referirse a cualquier cosa.

Volteadas: Borrachas.

Voltearle la cara: abofetear

Vueltica: Misión

White: la cocaína, la coca, la blanca

Yesquero: mechero, encendedor, candela

Zanahoria: Estarse sano, no meterse en problemas

LAS HISTORIAS DE LA CIUDAD

El mundo no es blanco y negro como las páginas de este libro. Es de color gris. El bien y el mal aparecen muy borrosos cuando la espalda está contra la pared. Como reaccionas ante la adversidad, determina gran parte de tu destino.
Si, controlas tu destino, ¿qué vas a elegir?
El poder real viene con opciones y es por eso que el conocimiento es poder. El mundo es grande, pero si no sabes qué opciones existen más allá que las de tu área inmediata, no tienes muchas opciones. Todo y todos están conectados de alguna manera. Nuestra misión es conectar y comunicar para crear un mañana mejor para todos y cada vida que tocamos.

Nos gustaría aprovechar esta ocasión para invitarle a visitarnos en http://www.lashistoriasdelaciudad.com/

Manténgate en contacto con LHDLC y
Únete a nuestra lista de email en
http://www.lashistoriasdelaciudad.com/contact-us/

The House of Randolph Publishing, LLC
1603 Capitol Ave.
Suite 310 A394
Cheyenne, Wyoming 82001

Email: info@lashistoriasdelaciudad.com

Voice #: 307-222-2788
Fax #: 307-222-6876

SOBRE EL AUTOR

Joaquín Matos es un escritor y periodista de Caracas, Venezuela. Su abuelo, un director de escuela, lo inspiró para escribir. La pasión de Joaquín por el arte se comentó después de escribir un poema precoz. Fue elogiado a nivel local y a pesar del reconocimiento, las condiciones socioeconómicas de Venezuela obligaron a Joaquín a desarraigar a su familia y trasladarse a Panamá. Actualmente escribe novelas y cuentos con un enfoque en personajes que pueden representar a muchas de las personas en este mundo, cuyas historias de otro modo no serían contadas.

Vea aquí más información disponible sobre Joaquín en
amazon.com/author/joaquinmatos

<u>Leer partes 1 & 2</u>
Por qué prefiero ser un narco: Es mejor que un ordinario
Por qué prefiero ser un narco 2: Y su prima también